Mayer Leopold ▪ Gebley Silvia

Projekt und Präsentation

Dieses Buch gehört:

_____

_____

_____

_____

*Liebe Schülerin, lieber Schüler,
Sie bekommen dieses Schulbuch von der Republik
Österreich für Ihre Ausbildung.
Bücher helfen nicht nur beim Lernen, sondern sind
auch Freunde fürs Leben.*

Leopold Mayer
Silvia Gebley

Projekt und Präsentation

Trauner Verlag
Linz
www.trauner.at

Die Autoren:
Mag. Leopold Mayer, Direktor der Höheren Lehranstalt für wirtschaftliche Berufe Hollabrunn
Silvia Gebley, Höhere Lehranstalt für wirtschaftliche Berufe Leoben

Approbiert für den Unterrichtsgebrauch
- an Höheren technischen und gewerblichen Lehranstalten, Fachrichtung Elektronische Datenverarbeitung und Organisation, für den V. Jahrgang im Unterrichtsgegenstand Betriebs- und Führungspraxis,
- an Handelsakademien für den I. Jahrgang im Unterrichtsbereich Rhetorik,
- an Höheren Lehranstalten für Tourismus und
- an Höheren Lehranstalten für Mode- und Bekleidungstechnik für den I. Jahrgang im Unterrichtsbereich Kommunikation und Präsentation,
  Bundesministerium für Unterricht und kulturelle Angelegenheiten, GZ 43.910/1-III/D/13/99 vom 17. November 1999,
- an Höheren Lehranstalten für wirtschaftliche Berufe,
- an dreijährigen Fachschulen für wirtschaftliche Berufe im Gegenstand Kommunikation und Präsentation Bundesministerium für Unterricht und kulturelle Angelegenheiten, GZ 43.910/1-V/1/03.

Schulbuch-Nr. 1.949
Mayer/Gebley, Projekt und Präsentation
Trauner Verlag, Linz
1. Auflage 2000, Nachdruck 2005
Alle Drucke der 1. Auflage können nebeneinander verwendet werden.

Dieses Buch wurde auf umweltfreundlichen Papier gedruckt – Gruppe A laut Greenpeace.

Dieses Schulbuch wurde auf der Grundlage eines Rahmenlehrplanes erstellt; die Auswahl und die Gewichtung der Inhalte erfolgen durch die LehrerInnen.

Zur leichteren Lesbarkeit wurde bei den Berufsbezeichnungen und bei personenbezogenen Formulierungen auf das Nebeneinander von weiblicher und männlicher Form verzichtet. Jede Bezeichnung gilt jedoch für die weibliche und die männliche Form in gleicher Weise.

**Wir weisen darauf hin, dass das Kopieren zum Schulgebrauch aus diesem Buch verboten ist –
§ 42 Absatz (3) der Urheberrechtsgesetznovelle 1996:
„Die Befugnis zur Vervielfältigung zum eigenen Schulgebrauch gilt nicht für Werke, die ihrer Beschaffenheit und Bezeichnung nach zum Schul- oder Unterrichtsgebrauch bestimmt sind."**

Copyright © 2000 by Trauner Verlag, Köglstraße 14, A 4021 Linz
Alle Rechte vorbehalten
Nachdruck und sonstige Vervielfältigung, auch auszugsweise, nur mit ausdrücklicher Genehmigung des Verlages
Lektorat: Mag. Ursula Wimmer-Vystrcil
Cover, Grafiken, Gestaltung: Mag. Wolfgang Kraml
Illustrationen: Arnulf Kossak
Schulbuchvergütung/Bildrechte: © VBK, Wien
Gesamtherstellung: Trauner Druck, Linz
ISBN 3-85487-087-6

Vorwort

Im Wirtschaftsleben spielen die Bearbeitung von Projekten sowie die Präsentation der Ergebnisse und der eigenen Persönlichkeit eine immer größere Rolle.

Diese Themen wurden in den verschiedenen Lehrplänen berücksichtigt, indem die Bereiche Projektarbeit und Präsentation (auch als Bestandteil der Reifeprüfung) eingeführt wurden.

Dieses Buch soll ein Wegweiser für die Erstellung und die Realisierung eines Projektes sein.

In einem Kapitel wird auf den entscheidenden Faktor einer Präsentation, die Person des Präsentators, eingegangen und werden besonders die Bereiche Sprache, Körpersprache und Lampenfieber behandelt.

Das nächste Kapitel ist der Erstellung einer optimalen Präsentation unter besonderer Berücksichtigung des Medieneinsatzes, vom Plakat über die Overheadfolie bis zum Computereinsatz, gewidmet.

Durch das Eingehen auf die verschiedenen Funktionsweisen und das Zusammenspiel der beiden Gehirnhälften soll eine anschauliche und verständliche Präsentation ermöglicht werden.

Folgende Piktogramme haben wir für verschiedene Aufgaben gewählt:

 unsere Ziele

 für Schreibaufgaben

 für Diskussionsaufgaben

 zum Nachdenken, Arbeitsaufgaben

 zum selbstständigen Denken

 Notizblock

Besonderen Dank möchten wir all jenen aussprechen, die uns beim Entstehen dieses Buches geholfen haben:
Energie AG Oberösterreich, Linz
Siegrid Plattner, Höhere Lehranstalt für Mode- und Bekleidungstechnik Linz

Wir wünschen Ihnen ein spannendes Arbeiten und als Ergebnis eine erfolgreiche Präsentation!

Die Autoren

Inhaltsverzeichnis

Das Projekt — 9

1 Allgemeine Grundlagen zum Projektunterricht — 10
- 1.1 Kennzeichen des projektorientierten Unterrichts — 10
- 1.2 Vorteile von Projekten — 11
- 1.3 Probleme von Projekten — 11

2 Projektablauf — 13
- 2.1 Startphase — 13
- 2.1.1 Feststellung der Eingangsvoraussetzungen — 13
- 2.1.2 Festlegung der Kriterien für die Leistungsbeurteilung — 13
- 2.1.3 Festlegung des Projektthemas — 14
- 2.1.4 Gruppenbildung — 16

Exkurs: Grundlagen der Gruppenarbeit — 16
- 1 Was versteht man unter einer Gruppe? — 16
- 2 Der Gruppenprozess — 16
- 3 Phasen der Gruppenentwicklung — 17
- 3.1 Orientierung — 17
- 3.2 Konfrontation — 17
- 3.3 Harmonie — 18
- 3.4 Wachstum — 18
- 4 Die Mitglieder der Gruppe — 19
- 5 Merkmale einer leistungsfähigen Gruppe — 20
- 6 Grundsätzliches für das Arbeiten in der Gruppe — 20

- 2.2 Arbeitsphase — 21
- 2.3 Projektpräsentation — 22
- 2.4 Projektreflexion — 24

Der Präsentator — 27

1 Sei immer du selbst! — 28

2 Sprache — 29

3 Körpersprache — 31
- 3.1 Hände — 31
- 3.2 Bewegung — 32
- 3.3 Lächeln — 32
- 3.4 Blickkontakt — 33

4 Lampenfieber — 34
- 4.1 Ursache des Lampenfiebers — 34
- 4.2 Tipps gegen das Lampenfieber — 35

Die Präsentation — 43

1 Die Vorbereitung — 44
- 1.1 Inhaltliche Vorbereitung — 44
- 1.1.1 Festlegung von Zielen — 44
- 1.1.2 Zuhöreranalyse — 44
- 1.1.3 Sammlung, Strukturierung und Gliederung von Ideen — 45
- 1.1.4 Gliederung des Inhalts — 45
- 1.1.5 Dauer der Präsentation — 46
- 1.2 Darstellungsform der Präsentation — 47
- 1.2.1 Grundregeln für die Gestaltung von Hilfsmitteln — 47
- 1.2.2 Darstellung von Tabellen und Diagrammen — 47
- 1.3 Üben — 49

2 Medien — 50
- 2.1 Overheadfolien — 50
- 2.2 Flipchart- und Plakatgestaltung — 52
- 2.2.1 Strukturierte Flipcharts und Plakate — 53
- 2.2.2 Mindmaps — 54
- 2.2.3 Steck- und Magnettafeln, Pinnwände — 56
- 2.3 Videos und Dias — 56
- 2.4 Computerpräsentation mit PowerPoint — 56
- 2.4.1 Einstieg — 57
- 2.4.2 Eröffnungsbildschirm — 58
- 2.4.3 Neue Folie erzeugen — 58
- 2.4.3.1 Text eintragen — 58
- 2.4.3.2 Texte gestalten — 59
- 2.4.3.3 Cliparts einfügen — 62
- 2.4.3.4 Neue Folie auswählen — 62
- 2.4.4 Darstellungsformen der Folien — 63
- 2.4.5 Bildschirmpräsentation — 63
- 2.4.6 Präsentation ausdrucken — 64
- 2.4.7 Musterbeispiel einer Präsentation — 64

3 Einstieg — 65

4 Vortrag	**66**	**4 Repräsentanzsystem**	**82**
4.1 Verständlichkeit	66	4.1 Visueller Typ	83
4.2 Verknüpfen – Wiederholen – Ankern	66	4.2 Auditiver Typ	83
4.3 Selbstironie	67	4.3 Kinästhetischer Typ	84
		4.4 Olfaktorischer und gustatorischer Typ	84
5 Schluss	**68**	4.5 Welcher Wahrnehmungstyp sind Sie?	85

Die „gehirngerechte" Präsentation — 71

1 Menschliches Gehirn — 72

2 Gehirnaufbau — 73
- 2.1 Reptiliengehirn (Stammhirn) — 73
- 2.2 Zwischenhirn (limbisches System, Säugetierhirn) — 73
- 2.3 Großhirn (Neocortex) — 74
- 2.4 Ganzheitliches Gehirn — 74

3 Linke und rechte Gehirnhälfte — 75
- 3.1 Wirkungsweise der beiden Gehirnhälften — 76
- 3.2 Linke und rechte Gehirntypen — 77
- 3.3 Zusammenspiel der beiden Gehirnhälften — 78
- 3.4 Übungen für die rechte und die linke Gehirnhälfte — 79
- 3.5 Auswirkungen auf die Präsentation — 81

Stichwortverzeichnis — 88
Literaturverzeichnis — 89
Bildnachweis — 90

Das Projekt

*Erkläre es mir,
und ich werde es vergessen;
zeige es mir,
und ich werde es vielleicht behalten;
lass es mich tun,
und ich werde es können.
Indische Volksweisheit*

Grundlegende Überlegungen zum Thema:

„Die Durchführung von Projekten gewinnt immer mehr an Bedeutung."

„Im Projektunterricht werden die Bedürfnisse von Schülern und Lehrern berücksichtigt."

„Der Projektunterricht fördert die Erreichung von Schlüsselqualifikationen."

 Unsere Ziele

Nach Bearbeitung dieses Kapitels sollten Sie
- die Grundlagen des Projektunterrichts kennen,
- die wesentlichen Punkte des Gruppenprozesses beschreiben können,
- wissen, wie ein Projekt abläuft, und es durchführen können.

Das Projekt

1 Allgemeine Grundlagen zum Projektunterricht

Versuchen Sie es!
Das können Sie!
In Ihnen stecken mehr Möglichkeiten,
als Sie vermuten!

Ein **Projekt** ist ein neues bzw. einmaliges Vorhaben mit einem klaren Auftraggeber. Dabei soll in einem bestimmten Zeitraum die Realisierung einer konkreten Idee erfolgen.

In der Wirtschaftspraxis hat sich die Anwendung von Projekten bewährt, deshalb werden sie auch im Projektunterricht umgesetzt.

Projekt?
Was ist das?

Der **Projektunterricht** verfolgt zwei wichtige Ziele. Einerseits das **Thema,** andererseits die verschiedenen Möglichkeiten der **Umsetzung des Themas.**

Gegenstand einer Projektarbeit sind Themen, die sich aus den Interessen der Beteiligten (Lehrer und Schüler) bzw. aus den Inhalten des Lehrplanes ergeben. Es werden oft Themen, die einen aktuellen Bezug aufweisen, gewählt.

Dieses von Lehrern und Schülern gemeinsam gewählte Thema wird in Teilbereiche zerlegt (wobei auch unterschiedliche Sichtweisen berücksichtigt werden können) und von den Schülern in Gruppen aufgearbeitet. Dem Lehrer fällt dabei die Aufgabe des Koordinators und Gruppenbetreuers zu.

Projekte können auch Fächer bzw. Klassen übergreifend durchgeführt werden.

Den Höhepunkt der Projektarbeit bildet die Präsentation der von den einzelnen Gruppen erarbeiteten Ergebnisse vor der Öffentlichkeit.

Kennzeichen des Projektunterrichts.

1.1 Kennzeichen des projektorientierten Unterrichts

Schülerorientiert
Geht von konkreten Bedürfnissen der Schüler aus.

Handlungsorientiert
Ermöglicht die Erprobung von Handlungen in der Wirklichkeit.

Projektorientierter Unterricht
– Hebung des allgemeinen Leistungsstandards durch emotionales Wohlbefinden.
– Optimale Sprachförderung.
– Präsentation üben.
– Stärken-Schwächen-Analyse.

Orientiert am sozialen Lernen
– Ermöglicht gemeinsames Handeln,
– Aufdecken von Konflikten und
– bringt Gruppenprozesse in Gang.

Orientiert an qualitativ hochwertigen Lernzielen
– Probleme erkennen.
– Situationen analysieren.
– Lernhilfen auswählen.
– Entdeckendes Lernen.

1 Allgemeine Grundlagen zum Projektunterricht

Weitere Kennzeichen sind
- Selbstorganisation und Selbstverantwortung: Schüler und Lehrer übernehmen gemeinsam die Planung und besorgen sich alle notwendigen Informationen.
- Zielgerichtete Planung: Gemeinsames Festlegen von Lern- und Handlungszielen.
- Wirkung nach außen: Die Schule nimmt aktiv am gesellschaftlichen Geschehen teil.
- Einbeziehung vieler Sinne: Dadurch soll es zu einer sinnvollen Verbindung von körperlicher und geistiger Arbeit kommen.

1.2 Vorteile von Projekten

Durch den Projektunterricht soll es Ihnen ermöglicht werden, die von der Wirtschaft geforderten Schlüsselqualifikationen zu erwerben.

Schlüsselqualifikationen = Fähigkeiten, die im persönlichen Bereich angesiedelt sind.

Schlüsselqualifikationen
- Teamfähigkeit
- Kommunikationsfähigkeit
- Fähigkeit zum selbstständigen Denken und Handeln („learning by doing")
- Bereitschaft zur Weiterbildung
- Flexibilität
- Toleranz
- Problemlösungs- und Entscheidungsfähigkeit
- Kompromiss-, Durchsetzungs- und Konfliktfähigkeit
- Fähigkeit, sich Informationen selbst zu beschaffen
- Bereitschaft, sich mit neuen Entwicklungen und Technologien zu beschäftigen

Durch die Anwendung des Projektunterrichts sollen soziale Fähigkeiten verbessert werden. Deshalb können im Laufe der Zeit folgende **soziale Auswirkungen** festgestellt werden:
- Verbesserung der Beziehungen „Lehrer – Schüler" und „Schüler – Schüler".
- Klassengemeinschaft wächst enger zusammen.
- Teamarbeit anstatt Einzelkämpfertum.
- Lockerere Arbeitsatmosphäre.
- Bessere Kommunikation unter den Lehrern.
- Verbesserung der Arbeitshaltung der Schüler.

1.3 Probleme von Projekten

- Zeitproblem: Während des Projektes werden Sie viel Zeit auch außerhalb der Schule benötigen. Sie sollen durch ein Projekt lernen, sich Ihre Zeit einzuteilen.
- Konfliktbewältigung: In einem Projekt werden Sie Konflikte zwischen den Gruppenmitgliedern bewältigen und Kompromisse eingehen müssen.
- Änderung der Rolle des Lehrers: Vom Wissensvermittler zum Betreuer.
- Umgang mit Personen außerhalb der Schule: Sie werden während Ihrer Projektarbeit mit vielen verschiedenen Personen (Ämtern, Behörden, Wirtschaft, Medien usw.) zu tun haben, die vielleicht nicht immer Zeit für Sie haben oder Interesse aufbringen. Lassen Sie sich durch Misserfolge nicht frustrieren. Bleiben Sie trotzdem freundlich und höflich, nur so werden Sie Ihr Ziel erreichen.

Ein Projekt hat nicht nur Sonnenseiten!

Das Projekt

Vorteile von Projekt- und Gruppenarbeit.

2 Projektablauf

Bevor mit einem Projekt begonnen werden kann, sollte es gründlich überlegt und geplant werden.
Allen Beteiligten sollte bewusst sein, dass ein Projekt einerseits Abwechslung in den Schulalltag bringt, andererseits aber auch sehr viel Arbeit (auch in der Freizeit) bedeutet.

Der **Ablauf eines Projektes** erfolgt in **vier großen Schritten**:
- der Startphase,
- der Arbeitsphase,
- der Projektpräsentation und
- der Reflexion.

Auch die längste Reise beginnt mit dem ersten Schritt. Versuchen Sie ihn einfach!

Projektablauf: Aller Anfang ist schwer. Geduld ist wichtig.

2.1 Startphase

Die zentralen Punkte der Startphase sind die **Themenfindung** und die **Gruppenbildung**.

In diese Phase sollte man viel Zeit investieren, da hier die Grundlagen für ein gutes Gelingen des gesamten Projekts gelegt werden.

Weiters ist für das Zustandekommen des Projektes wichtig, dass Sie Geduld aufbringen und Kompromissbereitschaft signalisieren.

2.1.1 Feststellung der Eingangsvoraussetzungen

Bevor mit der Projektarbeit begonnen werden kann, müssen Sie feststellen, ob Sie die Voraussetzungen für eine Projektarbeit erfüllen.

Die wesentlichen **Voraussetzungen,** die Sie mitbringen sollten, sind:
- Erfahrung mit Gruppenarbeit,
- erfolgreiche Interpretation von Texten,
- keine Scheu vor der Suche von Informationen (zB aus Bibliotheken, Internet usw.),
- richtiger Umgang mit dem Telefon und
- Kenntnisse von EDV-Programmen.

Ein wichtiger Grundsatz dieser Phase ist, sich darauf einzulassen, etwas zuzulassen.

Die Startphase enthält:

- die Feststellung der Eingangsvoraussetzungen,
- die Festlegung der Kriterien für die Leistungsbeurteilung,
- die Festlegung des Projektthemas und
- die Gruppenbildung.

Versuchen Sie gemeinsam mit zwei Mitschülern, verschiedenste Informationen über Ihre Landeshauptstadt aus dem Internet, einer Bibliothek und telefonisch zu erfragen!

2.1.2 Festlegung der Kriterien für die Leistungsbeurteilung

Schon vor Beginn der Projektarbeit muss für alle Beteiligten (Schüler und Lehrer) eindeutig klar sein, welche Kriterien für die Beurteilung des Projekts herangezogen werden.

Im Folgenden eine kleine Auswahl von Punkten, die bei der Beurteilung berücksichtigt werden sollten:

Projektbericht
- fachliche Richtigkeit
- Umfang (ca. 20–25 Seiten)
- Inhaltsverzeichnis
- Arbeitsprozessbericht
- Literaturliste
- persönliche Erfahrungen

*Der **Projektbericht** umfasst die schriftliche Zusammenfassung des Themas und der persönlichen Erfahrungen im Umgang mit der Projektarbeit.*

Das Projekt

> *Wählen Sie in Gruppen zu je vier Personen die für Sie wichtigsten sechs Kriterien der Projektbeurteilung aus. Anschließend diskutieren Sie Ihre Ergebnisse mit der ganzen Klasse und versuchen Sie eine gemeinsame Lösung zu finden!*

Präsentation
- inhaltliche Aspekte
- Originalität und Kreativität
- Medieneinsatz
- Aufbau und Struktur
- Zeitplan
- sprachliche Komponente
- Qualität des Präsentationsmaterials

Sonstige Kriterien
- Teamfähigkeit
- Engagement
- Pünktlichkeit
- Einhaltung des Zeitplanes
- Methodenvielfalt
- EDV-Einsatz
- Fächer übergreifendes Arbeiten

2.1.3 Festlegung des Projektthemas

Das Projektthema und die Gruppe sind die zentralen Punkte der Projektarbeit.

Das Projektthema ist neben der Gruppenbildung der zentrale Punkt der gesamten Projektarbeit. Das Thema weist einen Bezug zum Lehrplan auf, soll aber auch auf die persönlichen Interessen Rücksicht nehmen.

Die besondere Schwierigkeit liegt darin, dass **alle** am Projekt Beteiligten einen Bezug zum gewählten Thema haben sollen.

Die Auswahl erfolgt in folgenden Schritten, die mindestens 14 Tage benötigen:
- Erste Ideen werden geboren, Ideenfindung durch Brainstorming usw.
- Ständige Reflexion über die verschiedenen Themen.
- Endgültige Auswahl eines Themas nach demokratischen Regeln. (Auch diejenigen, die ein anderes Thema vorgeschlagen haben, müssen sich mit dem gewählten Thema identifizieren können.)

Im Folgenden werden die bekanntesten **Methoden der Ideenfindung** beschrieben.

> *Diskutieren Sie die Bedeutung des Projektthemas und versuchen Sie, Strategien zu finden, um die gesamte Klasse auf ein Thema einzuschwören!*

Brainstorming

Diese Kreativitätsmethode wurde in den 30er Jahren von A. F. Osborn entwickelt. Sie funktioniert so, dass eine Gruppe von Personen (fünf bis zwölf Personen) mit unterschiedlichem Informationsstand versucht, sich gegenseitig zur Problemlösung anzuregen. Innerhalb von 15 bis 20 Minuten werden spontane Einfälle und Lösungsvorschläge produziert, die sofort für die Gruppe sichtbar notiert werden.

Brainstorming

> *Versuchen Sie, als Leiter einer Gruppe zu einem Thema, das Sie aus den folgenden auswählen können, ein Brainstorming durchzuführen.*
>
> - *Was möchte ich an meiner Schule verändern?*
> - *Warum greifen viele Menschen zum Seelentröster Alkohol?*
> - *Rauchen macht schlank!*
>
> *Präsentieren Sie es nun kurz vor der Klasse.*

Vorarbeiten für ein Brainstorming
- Präzise Formulierung des Themas.
- Wahl eines Gruppenleiters, der die Rolle des Moderators übernimmt. Er soll das Gespräch in Gang halten, auf die Einhaltung der Regeln achten und die Einfälle notieren.
- Bereitstellung von Papier und Flipchartstiften.

Regeln des Brainstormings
- Keine Kritik während der Ideenfindung!
- Keine Killerphrasen („Das geht doch nicht!", „Ist ja interessant, aber...")!
- Freies Gedankenspiel ist nötig. Je kühner die Vorschläge, desto besser!

- Möglichst viele Vorschläge machen!
- Jeder Teilnehmer soll versuchen, auf die geäußerten Ideen einzugehen, sie zu kombinieren, weiterzuspinnen und zu verbessern.

Imaginäres Brainstorming

Es wird nach den Regeln des Brainstormings durchgeführt. Die Teilnehmer betrachten jedoch das Thema unter geänderten Bedingungen.

Beispiel: Leider sind nur geringe finanzielle Mittel zur Lösung eines Problems vorhanden.
Die geänderte Bedingung lautet: Wie würde ich das Problem lösen, wenn genug Geld vorhanden wäre?

Nach dem Brainstorming erfolgt eine abschließende Rückführung der produzierten Ideen auf das ursprüngliche Problem.

Methode 6-3-5

6 Teilnehmer schreiben je 3 Ideen in 5 Minuten zu einem bestimmten Thema auf ein Blatt Papier. Nach 5 Minuten werden die Blätter an den Nachbarn weitergegeben, der wieder 3 Ideen dazuschreibt. Die Methode endet nach 30 Minuten, dann hat jeder Teilnehmer auf jedes Blatt 3 Ideen geschrieben und es wurden in 30 Minuten 108 Ideen geboren.

Problemstellungen:			Datum:
			Teilnehmer:
			1. _____
			2. _____
			3. _____
			4. _____
			5. _____
			6. _____
Problemlösungen			Initialen
11	12	13	
21	22	23	
31	32	33	
41	42	43	
51	52	53	
61	62	63	

Das Projekt

**Die Gruppe –
das Herz des Projekts.**

👉 *Erarbeiten Sie in einer Gruppe von vier Personen, die für Sie wichtigsten Verhaltensregeln während einer Gruppenarbeit!*

✏️ *Erarbeiten Sie fünf Kriterien die für Sie persönlich bei der Bildung einer Gruppe von Bedeutung sind! Notieren Sie die Kriterien hier!*

_____
_____
_____
_____
_____

Vom Ich zum Wir!

2.1.4 Gruppenbildung

Nach erfolgter Einigung auf ein Projektthema werden die einzelnen Unterthemen in Gruppen bearbeitet. Die Gruppenbildung ist sowohl vom Thema als auch von persönlichen Beziehungen und anderen Faktoren (zB gemeinsamen Fahrwegen) abhängig.

Die Gruppenarbeit soll in angenehmer Atmosphäre ablaufen. Dabei müssen einige **Grundregeln** beachtet werden:
- zuhören können,
- ausreden lassen,
- aufeinander Rücksicht nehmen,
- Einhaltung einer gewissen Lautstärke usw.

Gerade die Lautstärke ist wichtig, denn sie soll einem Kaffeehaus und nicht einem Volksfest entsprechen. Als Leitspruch für die Gruppenarbeit gilt: „Sprich so laut, dass nur diejenigen, die angesprochen werden sollen, deine Worte verstehen."

Exkurs: Grundlagen der Gruppenarbeit

Teamarbeit gilt heute als die Zauberformel in der Arbeitswelt. Die Fähigkeit dazu kann in der Schule durch Projektarbeit bereits geschult werden. Dafür ist ein gewisses Maß an Grundwissen zum Thema Gruppe/Team erforderlich.

1 Was versteht man unter einer Gruppe?
Von Gruppe spricht man, wenn Menschen eine gewisse Zeit aufeinander bezogen handeln, miteinander kommunizieren und aus dem Nebeneinander ein Miteinander wird. Die kleinste Gruppe ist ein Paar.

Eine Gruppe ist durch Gruppenmerkmale wie Kommunikation, Normen, Ziele und Rollen gekennzeichnet.

In den Gruppen kommt es zum wechselseitigen Einfluss der Gruppenmitglieder aufeinander, zum Gruppenprozess. Er wird durch vier Faktoren bestimmt:
- vom Ich,
- vom Wir,
- von der gemeinsamen Sache und
- von den Rahmenbedingungen.

Lebendiges, soziales Lernen besteht nun darin, eine dynamische Balance zwischen den vier Einflussfaktoren zu finden.

2 Der Gruppenprozess
Um vom Ich zum Wir, also zur Gruppe zu kommen, werden verschiedene Stadien durchlaufen:

- Das Anfangsstadium ist sehr wichtig. Die Zeit, die in der Orientierungsphase verwendet wird, ist nie verloren!
  Nimmt man sich zu wenig Zeit zum Kennenlernen, Wahrnehmen usw. treten später viele Probleme auf. Häufig wird zu rasch ge- oder verurteilt und es kommt zu sehr kurzsichtigen Handlungsweisen.

- Jede Gruppe startet woanders. Umwege, Abstecher, Rasten sowie Rückkehr zu einem Punkt, den die Gruppe schon erreicht zu haben glaubte (vergleichbar mit einer Bergwanderung), gehören zum Gruppenprozess.

- Es ist wichtig, dass jedes Mitglied erlebt, was es schon gut kann und was es noch lernen möchte.
- In dieser Phase muss der Betreuer, der die Leitungsfunktion übernommen hat, vorleben, dass Ziele, Erwartungen, Ängste, Bedenken, Enttäuschungen usw. offen ausgesprochen werden und dass um Rückmeldung (Feedback) der Gruppe gebeten wird.
- Kann sich die Gruppe nicht selbst organisieren, gibt der Betreuer die Möglichkeit, miteinander zu lernen, vor. Er trifft Entscheidungen und übernimmt die Leitungsfunktion. Es wird alles offen ausgesprochen. Die Gruppe lernt in Zukunft, Funktionsübernahmen selbst zu organisieren.

Das Erreichen der **Selbstkompetenz** ist das erste Ziel bei der Gruppenentwicklung. Das bedeutet, dass sich jedes Gruppenmitglied selbst ehrlich wahrnimmt und ja sagt zu seinen Vorzügen und Fehlern. Dies hat eine Stärkung des eigenen Ichs zur Folge und führt zu einem gesunden Selbstbewusstsein.
Es ist wichtig, sein Sosein zuzulassen, seine Gefühle vor den anderen auszusprechen, Rückmeldungen zuzulassen, sein Selbstbild zu ergänzen oder zu korrigieren. Motto: „Ich ändere, was ich ändern will und kann."

Ziel 1 – Selbstkompetenz.

Sozialkompetenz zu erwerben, ist das zweite Teilziel. Dies bedeutet, zu lernen, dem anderen wirklich zuzuhören und auszusprechen, was gehört wurde (partnerzentrierte Gesprächsführung, aktives Zuhören). Man lernt, zu helfen, sich mit anderen zu solidarisieren, Außenstehende hereinzuholen, Konflikte auszutragen (Störungen haben Vorrang!).

Ziel 2 – Sozialkompetenz.

3 Phasen der Gruppenentwicklung

Die Entwicklung der Gruppe.

3.1 Orientierung

Das Anfangsstadium bringt gewisse Unsicherheiten eventuell auch Angst mit sich. Viele **Fragen** werden (oft heimlich) gestellt:
- Werde ich akzeptiert?
- Wer ist mir sympathisch?
- Kann ich mich so geben, wie ich bin?
- Gibt es einen Anführer?
- Was wollen wir eigentlich?

Orientierung!

Die Gruppenmitglieder zeigen in dieser Phase oft folgende **Verhaltensweisen:**
- Sie halten sich zurück,
- beobachten,
- zeigen Unsicherheiten nicht,
- geben sich unbekümmert
- verhalten sich draufgängerisch,
- versuchen, andere einzuordnen,
- machen sich ein Bild,
- halten Ausschau nach Verbündeten usw.

3.2 Konfrontation

Die Mitglieder beginnen sich so zu geben, wie sie im Alltag sind. Das Verhalten anderer wird kritisiert. Aggressive Gefühle kommen zum Ausdruck. Die Mitglieder suchen ihren Platz in der Gruppe. Gleichzeitig wird um eine künftige Gruppenstruktur gerungen. Die folgenden Abläufe erfolgen meistens unbewusst:
- Wer gehört tatsächlich zur Gruppe (Frage der Mitgliedschaft, der Zugehörigkeit)?

Konfrontation!

- Was wird von jedem Einzelnen erwartet (Rollenverteilung, Gruppenfunktionen)?
- Wie viel Einfluss haben die Beteiligten (Machtverteilung)?
- Welche Regeln sollen gelten (Normensetzung)?

Diese Phase kann relativ lange dauern, wobei es zu Kampf, Flucht und zur Bildung von Untergruppen kommen kann.

Harmonie!

3.3 Harmonie
Ist es nach der Auseinandersetzung zu Entscheidungen und Kompromissen gekommen, tritt eine neue Entwicklung ein. Die folgenden Gruppengeschehnisse verlaufen harmonisch. Konflikte und negative Gefühle der Mitglieder werden vermieden. Die Teilnehmer fühlen sich akzeptiert, man spricht von „wir", „uns" und positive Gefühle füreinander werden ausgesprochen. Die Gruppe wird als angenehm erlebt und das Gruppenklima wird als entspannt empfunden. Die Arbeitsfähigkeit nimmt zu.

Wachstum!

3.4 Wachstum
Die Gruppe und der Einzelne können sich weiterentwickeln, wenn über Beziehungsfragen offen geredet werden kann und die Strukturen (Rollen, Normen, Ziele usw.) veränderbar sind.

4 Die Mitglieder der Gruppe

In jeder Gruppe übernehmen die Gruppenmitglieder die notwendigen Gruppenfunktionen.

Organisator
- sorgt für Raum, Sitzordnung, Materialien,
- gibt Arbeitsanweisungen für das weitere Vorgehen (Wortmeldungen, Abstimmung, Protokoll, Pausen, Ende usw.),
- nennt das Ziel der gemeinsamen Arbeit, leitet ein, sagt einige Sätze zum Thema,
- kündigt den Schluss der Arbeitseinheit einige Minuten früher an und beendet die Arbeitseinheit.

Koordinator
- schreibt für alle lesbar mit,
- fasst nach einigen Wortmeldungen zusammen,
- zeigt Gemeinsamkeiten auf und hebt Unterschiede deutlich hervor.

Ideenlieferant
- übernimmt den kreativen Teil der Arbeit,
- sagt, was er denkt, will, fühlt, meint und braucht,
- vertritt nur seine Meinung,
- schlägt vor, was und wie etwas zu tun ist,
- gibt Rückmeldungen und kritisiert.

Aktiver Zuhörer
- vertritt die Meinungen der anderen,
- sorgt für das Gruppenwohl,
- sorgt für gerechte Verteilung der Wortmeldungen,
- sagt, was ihm auffällt (nur Beobachtungen),
- stellt Blickkontakt zum Redner her und bestätigt durch Nicken.

Beobachter
- beobachtet das, was vereinbart wurde,
- nimmt nicht aktiv am Gruppengeschehen teil,
- trennt Beobachtungen (Blickkontakte, Zahl der Wortmeldungen, Rededauer, Lautstärke, Körpersprache usw.) von Bewertungen und Interpretationen.

Die folgende Grafik zeigt die verschiedenen Gruppenmitglieder und ihre möglichen positiven und negativen Verhaltensweisen.

Die Mitglieder der Gruppe.

Die streitsüchtige Bulldogge ...
widerspricht auf aggressive Art und gefällt sich im destruktiven Kritisieren.

Das positive Pferd ...
ist sanftmütig und selbstsicher, geht zügig und direkt auf das Ziel los.

Der allwissende Affe ...
weiß alles besser und unterbricht stets mit Einwänden, Behauptungen und Zitaten.

Der redselige Frosch ...
redet, redet, redet um des Redens willen.

Das schüchterne Reh ...
schweigt am liebsten und enthält sich der Meinung.

Der ablehnende Igel ...
macht auf Opposition, weist alles zurück und will sich nicht in die Diskussionsrunde integrieren.

Das träge Flusspferd ...
ist uninteressiert, wortkarg und gelangweilt, sitzt einfach da.

Die erhabene Giraffe ...
ist überheblich, eingebildet, dominierend und reagiert sehr empfindlich auf Kritik.

Der schlaue Fuchs ...
wartet nur darauf, Sie bei der ersten Gelegenheit hinterrücks hereinzulegen.

Das Projekt

Das erfolgreiche Team!

5 Merkmale einer leistungsfähigen Gruppe

- Die Gruppe benötigt eine gemeinsame Aufgabe oder ein Ziel, das für alle Gruppenmitglieder akzeptabel ist.
- Jedes Mitglied muss die Andersartigkeit der anderen Mitglieder verstehen und ihre Stärken und Schwächen akzeptieren.
- Keine Gruppe kommt ohne Verhaltensregeln aus. Sie müssen von allen Gruppenmitgliedern anerkannt werden. Sie werden durch die Ziele der Gruppe bestimmt und zerfallen in formelle und informelle Verhaltensregeln.

formell = förmlich, die Form beachtend, offiziell
informell = ohne Formalitäten, nicht offiziell

- Die gemeinsame Aufgabe lässt ein Wirgefühl (Gemeinschaftsgefühl) entstehen. Dadurch wird die Gruppe als Einheit zusammengehalten und es ergeben sich positive Auswirkungen auf zwischenmenschliche Beziehungen.
- Voraussetzung ist eine optimale Gruppengröße, die zwischen vier und sechs Mitgliedern liegt.

Grundsätzliches zur Gruppenarbeit.

6 Grundsätzliches für das Arbeiten in der Gruppe

- Wenn Menschen über längere Zeit miteinander kommunizieren, beginnen sie ihre Beziehungen zu strukturieren. Sie werden eine Gruppe. Kommunikation, Ziele, Normen und Rollen sind die wesentlichen Elemente der Gruppenstruktur.
- **Normen** sind Vorstellungen über richtiges Verhalten. Sie entstehen durch eine Angleichung der Meinungen in der Gruppe und werden durch Sanktionen gesichert. Normen erleichtern die Kommunikation und stärken das Gefühl der Zusammengehörigkeit. Sie schränken aber auch die Freiheit des Individuums ein.

- Der **Außenseiter** ist ein Teil der Gruppenstruktur. Er ist derjenige, der den Normen nicht entspricht. Die tolerante Auseinandersetzung mit dem Außenseiter kann Lebendigkeit, Kontaktfähigkeit und Realitätsanpassung der Gruppe fördern. Die aggressive Abgrenzung gegenüber dem Außenseiter erzeugt Angst.
- Mitglieder von Gruppen sind unterschiedlichen Erwartungen ausgesetzt, je nachdem welche Stellung sie innehaben. Die Gesamtheit dieser Erwartungen bezeichnet man als **Rollen.**
- Rollenvorschriften sind nicht alle im selben Maße verpflichtend. Man unterscheidet Muss-, Soll- und Kannerwartungen.
- Gruppen entwickeln im Laufe der Zeit eine Beziehungsstruktur. Die Teilnehmer bekommen ihren Platz und übernehmen die dazugehörende Rolle. Gruppenstrukturen können erstarren und für den Einzelnen zum Gefängnis werden.
- Rollenkonflikte entstehen durch widersprüchliche Erwartungen der Bezugsgruppe an eine Person. Sie belasten den Rollenträger besonders dann, wenn die Beteiligten die Widersprüche nicht bewusst erleben oder nicht bereit sind, darüber zu sprechen.

Die Führung der Gruppe.

- **Führung** als Rollenfunktion kann sich aus der Gruppe selbst entwickeln. Sie dient der Verwirklichung von Zielen und der Förderung des Gruppenzusammenhalts. Führungsfunktionen können von verschiedenen Gruppenmitgliedern abwechselnd übernommen werden.

Nehmen Sie zum Thema Führung und Gruppe Stellung!

- Zwischen Führer und Gruppe besteht eine Wechselbeziehung. Der Träger der Führungsrolle muss den Normen der Gruppe entsprechen. Die Geführten müssen sich mit ihm identifizieren können. Führungsfunktionen übernehmen am ehesten Personen, die besonders aktiv sind und eine hohe Kontaktbereitschaft aufweisen.

- Quellen der Macht sind: Beliebtheit, Expertentum, Legitimation sowie die Möglichkeit, zu belohnen und zu bestrafen. Ein großes Machtgefälle zwischen Führer und Geführten verhindert die Entwicklung von Eigenverantwortung und führt langfristig zu Frustration und Resignation.
- Führungsverhalten umfasst eine emotionale und eine lenkende Dimension. Das Ausmaß an Zuwendung und Wertschätzung einerseits sowie Lenkung und Kontrolle andererseits sind charakteristisch für ein bestimmtes Führungsverhalten.

2.2 Arbeitsphase

In den einzelnen Projektgruppen wird die Arbeit geplant und durchgeführt.

In der Arbeitsphase sind folgende **Aufgaben** zu erledigen:
- Sammlung von Informationsmaterial aus Bibliotheken, Internet usw.,
- Erstellung von Fragebögen,
- Durchführung und Auswertung von Interviews,
- Besuch diverser Firmen und Institutionen,
- Einladung von Referenten,
- Erstellung eines Videos,
- Gestaltung des Präsentationsmaterials,
- Gestaltung der Projektmappen,
- Herstellung von Foldern, Handzetteln und sonstigem Informationsmaterial usw.

Dabei sind besonders die **„vier W" (wer, was, wann, wie)** zu beachten.

Beispiel
Vier Schüler beschäftigen sich in einer Gruppenarbeit mit dem Thema „Zufriedenheit mit den Einkaufsmöglichkeiten in der Hollabrunner Innenstadt". Die Aufgaben müssen nun auf die Gruppenmitglieder aufgeteilt werden.

Die Tätigkeit des Lehrers beschränkt sich in dieser Phase auf die Beratung und Unterstützung. Er soll dafür sorgen, dass der Arbeitsprozess in Gang gehalten wird.

Führen Sie in einer Gruppe von vier Personen folgende Aufgaben aus:

- *Erstellen Sie zum Thema „Zufriedenheit mit dem Pausenbuffet" einen Fragebogen und werten Sie das Ergebnis aus!*
- *Erarbeiten Sie zum selben Thema ein Interview mit der Schulleitung und dem oder der Zuständigen für das Schulbuffet!*
- *Sammeln Sie Informationen zum Thema gesunde Ernährung für Jugendliche (aus dem Internet, aus Bibliotheken)!*
- *Überlegen Sie, welche schulfremden Referenten Sie zu diesem Thema einladen könnten!*

Wer	Was	Wann	Wie
A, B	Erstellen den Fragebogen.	bis 14. 2.	schriftlich und vervielfältigen
C, D	Führen die Interviews durch. Zeichnen sie mit der Videokamera auf.	bis 21. 2.	schriftlich und Videofilm erstellen
C, D	Werten die Fragebögen aus.	bis 25. 2.	schriftlich
A, B	Fertigen die Overheadfolien und Flipcharts an.	bis 3. 3.	schriftlich

Das Projekt

Der Höhepunkt – die Präsentation.

2.3 Projektpräsentation

Sie ist der Höhepunkt der Projektarbeit. Die Präsentation soll, wenn möglich, vor anderen, vor allem vor schulfremden Personen (zB Eltern, Medienvertretern, Vertretern aus Wirtschaft und Politik) abgehalten werden.

Die Präsentation muss bis ins Detail geplant werden, da sie der Höhepunkt der gesamten Projektarbeit ist und erfolgreich enden soll.

***Programm- und Zeitplan** = die genaue Abfolge wann, welche Gruppe was präsentiert*

Checkliste
Programm- und Zeitplan
Raumplan inkl. Raumgestaltung
Planung der Einladungen (rechtzeitig!)
Abstimmung mit den Lehrerkollegen
Buffet oder andere kulinarische Möglichkeiten
Anschauungsmaterial
Einbindung schulfremder Vortragender
Medieneinsatz
Musikunterstützung

Bevor die Präsentation vor der Öffentlichkeit durchgeführt werden kann, sollte sie eingehend geübt werden!

Folgende Vorgangsweise hat sich als sehr erfolgreich herausgestellt:

Die Pyramide der Projektpräsentation

Erstellen Sie in einer Gruppe (drei bis vier Personen) einen Ablaufplan und einen Zeitplan für eine Präsentation zum Thema „Gesunde Schuljause – Schulbuffet"!

Pyramide (von oben nach unten):
- Präsentation
- Generalprobe am Vortag
- Verbesserungsarbeiten
- Besprechung der Präsentation
- Präsentation vor der Klasse

Das folgende Beispiel zeigt das Programm und den Zeitplan einer Projektpräsentation:

Währung und Banken in Österreich

Vom Gulden zur Krone
9.00–9.15
Katharina Antl, Brigitte Bayler, Astrid Schmid

Geschichte des Schillings
9.15–9.30
Birgit Leiminer, Hannes Nagerl, Daniela Pachmann, Christina Weiß

Bank Austria
9.30–9.45
Anja Bauersima, Marion Floh, Nina Oberenzer, Beatrix Ulrich

Raiffeisenkassa
9.45–10.00
Christa Goldschmidt, Eva Hummel, Nicole Zach, Petra Zach

PAUSE
10.00–10.30
Die Schüler der 3B sorgen für Ihr Wohlbefinden mit Speis und Trank!

Sparkassen
10.30–10.45
Doris Idinger, Anneliese Mullner, Sandra Schmidt, Manuela Weber

Volksbanken
10.45–11.00
Brigitte Bauer, Marlene Meisel, Daniela Ullmann, Barbara Würthner

Euroumfrage
11.00–11.15
Claudia Ernst, Karin Glaser, Sonja Neubauer, Claudia Weilner

Die Zukunft – der Euro
11.15–11.30
Kathrin Hauser, Andrea Krautstoffl, Susanna Lentschik, Yasmine Sommerer

anschließend
11.30–(ca.) 12.00
Verkostung des Euroweins

Münzausstellung

Notizen zum Zeitplan

Das Projekt

Zeit zum Feiern und zur Rückschau.

2.4 Projektreflexion

Sie dient dazu, eine Rückschau auf das Projekt zu halten. Es sollen positive Erfahrungen verstärkt und Verbesserungsvorschläge für die nächste Präsentation gefunden werden.

Folgende Themen können bei der Reflexion behandelt werden:
- Was hat besonders gefallen/nicht gefallen?
- Welche guten und welche schlechten Erfahrungen wurden gemacht?
- Welche Ziele wurden erreicht?
- Einschätzung des Zuwachses an Fähigkeiten, Fertigkeiten und Wissen.
- Probleme und Konflikte während der Arbeit.
- Mehrbelastungen durch das Projekt.
- Schulische Rahmenbedingungen, Probleme, Veränderungen usw..
- Lehrer-Schüler-Beziehung.
- Schüler-Schüler-Beziehung.

Im Folgenden zwei Beispiele von Fragebögen für die Durchführung einer Reflexion[1].

Nehmen Sie persönlich zum Projektunterricht Stellung. Begründen Sie Ihre Antwort (für/wider)!

Beurteilung des Projekts

	trifft zu 1	2	3	4	trifft nicht zu 5
Ich habe durch das Projekt mehr gelernt als im normalen Unterricht.					
Durch das Projekt musste ich mehr arbeiten als im normalen Unterricht.					
Das Projekt hat mir Fähigkeiten vermittelt, die ich im normalen Unterricht nicht lernen kann.					
Die Materialien kann man auch in der Praxis einsetzen.					
Ich würde gerne wieder ein Projekt machen.					
Die Gruppenarbeit hat viel Spaß gemacht.					
Es gab keine Konflikte in der Gruppe.					
Ich würde anderen Schülern empfehlen, auch ein Projekt zu machen.					
Durch die Lehrausgänge bzw. den Besuch von Experten habe ich viel dazugelernt.					
Ich wurde von den Professoren optimal betreut.					

Verbesserungsvorschläge:

[1] BMUK, Projektleitfaden, Wien, 1996.

Was ist/war wichtig im Projekt Gütekriterien	-- 1	- 2	+ 3	++ 4	Gewichtung (1–3)	Punkte	Begründung
Freude an der Arbeit	--	-	+	++			
Gutes Gruppenklima	--	-	+	++			
Qualität des Projektprozesses	--	-	+	++			
Qualität des Endprodukts	--	-	+	++			
Gutes Verhältnis zwischen SchülerInnen und LehrerInnen	--	-	+	++			
Termintreue	--	-	+	++			
Verlässlichkeit der SchülerInnen	--	-	+	++			
Verlässlichkeit der LehrerInnen	--	-	+	++			
Hohes Maß an Eigenverantwortlichkeit der SchülerInnen	--	-	+	++			
Viele freie Gestaltungsmöglichkeiten für SchülerInnen	--	-	+	++			
Erwerb von Fachwissen	--	-	+	++			
Erwerb von handwerklichen Fähigkeiten	--	-	+	++			
Soziales Lernen	--	-	+	++			
Einsatz des Computers	--	-	+	++			
Guter Umgang mit Öffentlichkeit/Massenmedien	--	-	+	++			
Guter Umgang mit (Schul-)Behörden und Institutionen	--	-	+	++			
Wenig zusätzlicher Aufwand an Freizeit	--	-	+	++			

Abschließend noch einige **Schülermeinungen** nach einem abgeschlossenen Projekt:

„Das Projekt hat mir sehr viel Spaß gemacht. Ich konnte mich wieder so richtig in etwas hineinsteigen. Das Thema hat mich natürlich auch wahnsinnig interessiert, und ich hoffe, dass wir so ein Projekt noch einmal starten werden."

„... und ich finde, das Arbeiten hat sich gelohnt."

„Die Ausarbeitung des Projektes hat mir sehr gut gefallen. Es war zwar manchmal anstrengend, es förderte aber auch die Zusammenarbeit innerhalb der Gruppe."

„Mir hat das BWL-Projekt sehr gut gefallen. Es war wieder einmal sehr anstrengend und eine sehr harte Arbeit."

„Ich habe sehr gerne bei diesem Projekt mitgearbeitet und es hat mir auch sehr viel Spaß gemacht. Natürlich haben wir in dieses Projekt sehr viel Zeit und Arbeit investiert, das hat uns auch sehr viel Nerven und Schweiß gekostet."

„... wir hatten auch einige Unstimmigkeiten, aber im Großen und Ganzen war es sehr schön, miteinander zu arbeiten."

„Wir fanden das Thema sehr interessant und hoffen, dass wir bald wieder ein Projekt machen werden."

Die Präsentation war es wert, hart dafür gearbeitet zu haben!

Das Projekt

📓 **Notizen zu den Arbeitsaufgaben**

❓ **Arbeitsaufgaben**

1. Was bedeutet projektorientierter Unterricht?
2. Nennen Sie die Ziele des projektorientierten Unterrichts!
3. Erklären Sie den Begriff Schlüsselqualifikationen und diskutieren Sie seine Bedeutung im Projektunterricht!
4. Nennen Sie mindestens drei Probleme des Projektunterrichts und versuchen Sie, Lösungsstrategien für sie zu finden!
5. Nennen Sie die verschiedenen Phasen eines Projektablaufs!
6. Nennen Sie die wichtigsten Eingangsvoraussetzungen für die Projektarbeit und finden Sie Übungsmöglichkeiten für die Überprüfung dieser Eingangsvoraussetzungen!
7. Welche Kriterien sind für die Beurteilung eines Projektes wichtig?
8. Nennen Sie die wesentlichen Punkte beim Gruppenprozess!
9. Beschreiben Sie die verschiedenen Phasen der Gruppenentwicklung!
10. Ordnen Sie die folgenden Aussagen zu:

	Organisator	Koordinator	Ideen- lieferant	aktiver Zuhörer
Sorgt für die Sitzordnung				
Schreibt lesbar mit				
Sorgt für Gruppenwohl				
Vertritt nur seine Meinung				
Gibt Arbeitsanweisungen				
Übernimmt den kreativen Teil				

11. Welche Regeln sind beim Brainstorming zu beachten?
12. Was bedeuten während der Arbeitsphase die „vier W" und welche Aufgaben sollen in der Arbeitsphase erledigt werden?
13. Gestalten Sie grafisch einen Projektablauf von der Startphase bis zur Präsentation (eigene Themenwahl, Dauer zwei Monate)!
14. Gestalten Sie einen Organisationsplan für eine Präsentation!
15. Nennen Sie die für Sie persönlich wichtigsten Bereiche einer Projektreflexion!

Das Wichtigste in Kürze!

Zusammenfassung

- Die Projektarbeit hilft den Schülern, die von der Wirtschaft geforderten Schlüsselqualifikationen zu erwerben.
- Der Projektunterricht geht von den konkreten Bedürfnissen der Schüler und Lehrer aus.
- Viele Dinge, die während der Projektarbeit passieren, sind nicht planbar.
- Für ein gelungenes Projekt sind die Wahl des Themas und die Bildung der Gruppen von besonderer Bedeutung.
- Die Projektpräsentation ist der Höhepunkt der Projektarbeit.
- Nach durchgeführter Projektarbeit ist eine Reflexion unerlässlich, um in Zukunft noch besser arbeiten zu können.

**Eine Projektarbeit wird viele neue Erfahrungen bringen:
Versuchen Sie es und es wird gelingen!**

Der Präsentator

Gib jedem Tag die Chance, der schönste und wichtigste in deinem Leben zu werden.
H. Felder

Grundlegende Überlegungen zum Thema:

„Es gibt keine richtige oder falsche Präsentation, sondern nur eine gute oder eine schlechte Präsentation!"

„Was bei einer Person gut ankommt, kann bei einer anderen völlig schlecht wirken. Wichtig ist immer der Einklang mit der eigenen Person!"

„Der Star einer Präsentation ist immer der Mensch, nie die von ihm eingesetzten Medien!"

 Unsere Ziele

Nach Bearbeitung dieses Kapitels sollten Sie

- die wichtigsten Kriterien für eine erfolgreiche Präsentation beschreiben können;
- die Grundlagen von Körpersprache und Sprache kennen;
- Grundsätzliches über Lampenfieber wissen und anwenden können.

Sie als Präsentator sind das Wichtigste!

Mimik = Mienenspiel im Gesicht
Gestik = Gebärdensprache

Du bist einzigartig.
Sei heute dankbar dafür,
so zu sein, wie du bist.
Niemals zuvor hat es einen Menschen wie dich gegeben.
A. Lassen

Zur Übung!

1 Sei immer du selbst!

Im Zentrum jeder Präsentation steht der **Präsentator**. Er allein ist für das Gelingen der Präsentation verantwortlich.

Die Präsentation hat im Einklang mit der präsentierenden Person zu stehen. Es muss Stimmigkeit mit der eigenen Persönlichkeit vorliegen. Sprache, Körpersprache, Mimik und Gestik müssen echt sein. Die Präsentation soll ein runder, ganzheitlicher Auftritt werden.

Nur dann, wenn der Präsentator wirklich er selbst sein kann, wird er sich bei seiner Präsentation wohl fühlen und sie wird gelingen. Versucht er aber seine Person hinter einer Maske zu verstecken, so wird auch die Präsentation unecht wirken und beim Publikum schlecht ankommen.

Übungsaufgabe

Versuchen Sie folgenden Text im Einklang von Körpersprache, Mimik und Gestik vorzutragen:

Eine kleine Geschichte ...

Ich habe einen Freund,
er hat Schultern wie ein Kleiderschrank.

In seiner Freizeit baut mein Freund Modellflugzeuge,
kleine – mittlere – große.

Am Wochenende nimmt er seine Kinder bei der Hand,
seine Modellflugzeuge unter den Arm und geht vor die Stadt.

Dort lässt er seine Flugzeuge steigen.

Die Kleinen machen nur einen Hupfer und setzen dann wieder auf.

Die Mittleren steigen schräg nach oben, wenden ein paarmal,
und landen wieder elegant am Boden.

Die Großen und Kräftigen steigen steil nach oben, kreisen ein paarmal,
und stürzen oft im Sturzflug zurück auf die Erde.
Dort zerschellen sie am Boden und sind kaputt.

Doch das macht meinem Freund nichts aus.
Er sammelt die Trümmer auf, nimmt seine Kinder bei der Hand
und geht nach Hause.
Dort baut er noch viele andere schöne Flugzeuge.

H. Felder, GLT-Trainingshandbuch, Innsbruck, 1994

2 Sprache

Das Wichtigste an der Vortragssprache ist, dass sie **verständlich** ist!

Ich verstehe zwar nichts, aber es muss ein kluger Kopf sein, der da spricht.
F. Schulz v. Thun

Beim Üben des Vortrages sollte man Folgendes beachten:
- den Tonfall der Stimme,
- die variierende Lautstärke und Geschwindigkeit der Stimme,
- die Sprechpausen.

Richten Sie während der Präsentation nicht zu viel Aufmerksamkeit auf die Rhetorik und die Sprechweise, denn das macht Sie nur nervös!

Tonfall der Stimme

Vor allem ein monotoner Tonfall ist zu vermeiden. Eine monotone Stimme kann auf die Zuhörer wie ein Schlafmittel wirken.

Seien Sie verständlich und keine Schlaftablette!

Die **Stimme** soll **lebendig** wirken. Das kann durch Übungen erreicht werden, zB:
- Bewegung der Arme und Beine während des Sprechens.
- Laut von eins bis zehn zählen. Es wird bei eins ganz leise begonnen und bei zehn soll durch stetige Steigerung die höchste Lautstärke erreicht sein.

Lautstärke und Geschwindigkeit

Mit der **Lautstärke** der Stimme kann man über längere Zeit die Aufmerksamkeit der Zuhörer an sich binden.

Tipps

- Nicht das Manuskript vor dem Vortrag auswendig lernen.
- Die Präsentation soll keine Vorlesung aus dem Manuskript sein.

Auf die Zuhörer wirkt es sehr positiv, wenn der Präsentator während des Vortrages die Stimme auf verschiedene Arten einsetzt. Er kann sowohl die Lautstärke als auch das **Tempo** verändern.
Normal sprechen, dann leiser werden, bis man kaum verständlich ist, dann laut werden und normal weitersprechen.

Bei einer Präsentation kann, bedingt durch die Nervosität, die **Sprechgeschwindigkeit** zu einem Problem werden. Die normale Sprechgeschwindigkeit liegt bei ca. 120 Wörtern pro Minute. Sie kann sich jedoch unter Stress erheblich steigern.

Sprechpausen

Eine Möglichkeit, die Geschwindigkeit zu verringern, besteht darin, bewusst Sprechpausen einzuschalten. Indem man nach wichtigen Aussagen bis fünf zählt und dann erst weiterspricht. Dadurch wird einerseits die Sprechgeschwindigkeit verringert, anderseits wird es dem Zuhörer erleichtert, die Aussage zu verarbeiten.

Versprecher, Hänger usw.

Versprecher sind bei einer Präsentation kein Problem. Die Zuhörer sind wegen des Themas hier und nicht um die „Aaaas" des Vortragenden zu zählen. Das Publikum achtet wesentlich weniger auf die Versprecher und Füllwörter als der Präsentator selbst.

Auf **Hänger** und **Blackouts** muss man die Zuhörer nicht besonders hinweisen. Meistens werden sie von den Zuhörern gar nicht bemerkt. Ist dies doch der Fall, dann tief durchatmen, die letzten Punkte wiederholen und weitersprechen. Eine Hilfe in dieser Situation können öffentliche „Schwindelzettel" im Raum sein, wie zB eine Übersicht auf einem Mindmap oder der rote Faden durch den Vortrag auf einem Flipchart.

Versprecher sind kein Problem!

Versuchen Sie einmal bei einer Fernsehdiskussion wirklich bewusst die Versprecher und „Aaaas" einer bestimmten Person zu zählen. Besprechen Sie Ihr Ergebnis mit einer anderen Person die nur auf den Inhalt geachtet hat. Sie werden feststellen, dass die andere Person die Versprecher und „Aaaas" gar nicht bemerkt hat.

Der rote Faden = Dies ist der klar erkennbare Aufbau des Vortrags. Die Präsentation soll kein Irrgarten sein, sondern der Zuhörer soll der Grundstruktur des Vortrages folgen können.

3 Körpersprache

Warum spielt die Körpersprache bei einem Vortrag eine so große Rolle? Weil der größte Teil der inneren Einstellungen (ca. 60 %) durch die Körpersprache und nicht durch das Wort übertragen wird!
Daher ist der Einklang von verbalen und nonverbalen Botschaften, die vom Präsentator übertragen werden, wesentlich.

Ein Tag ohne Lächeln ist ein verlorener Tag.

verbal = mündlich, in Worten ausgedrückt
nonverbal = mit nichtsprachlichen Ausdrucksformen, ohne Worte

Würden Sie diesen Vortragenden die Aussagen glauben?

„Ich bin sehr betroffen über die steigenden Arbeitslosenzahlen!"

„Ich möchte Sie an diesem wunderschönen Tag zu diesem Vortrag herzlich begrüßen!"

3.1 Hände

Bei der Präsentation sollen die Hände bewegt werden. Ihre wichtigste Funktion besteht nämlich darin, das Gesagte zu unterstützen. Bewegt der Präsentator während des Vortrages die Hände nicht, so wirkt dies sehr unnatürlich.
Die Hände sollen mit nach oben gerichteten, offenen Handflächen gehalten werden. In früheren Zeiten bedeutete dies: „Sieh her, ich bin friedlich, ich habe keine Waffe in der Hand."

Setzen Sie Ihre Hände gezielt ein.

Zonen für Arm- und Handbewegungen

Bewegungen oberhalb der Brust (Schultern) wirken positiv, sind aber nicht immer bei Präsentationen geeignet, zB Euphorie der Fußballer beim Torjubel.

| Brust Nabel Hüfte | *Positive, öffnende Handbewegungen sollten zwischen der Gürtellinie (Hüfte) und den Schultern stattfinden.* |

Bewegungen unterhalb der Gürtellinie strahlen eher negative Signale aus, wie Hoffnungslosigkeit, Trauer, Enttäuschung.

Beobachten Sie einmal Schauspieler im Film oder Fernsehen. Sie verwenden immer die Hände. Nur bei der Darstellung von sehr passiven Personen bleiben die Hände ruhig.

Beobachten Sie ganz normale Alltagsgespräche. Es werden immer die Hände zur Unterstützung des gesprochenen Wortes verwendet.

„Aus dem Bauch kommt das Gefühl."

Während der Präsentation können verschiedene Utensilien in den Händen gehalten werden. **Beispiele:**

- Kugelschreiber kann als Zeigestab Verwendung finden. Er sollte aber nicht zum Spielen (nervöses Hantieren, ständiges Betätigen des Kugelschreiberdruckknopfes usw.) missbraucht werden.
- Als Unterlagen können Moderationskärtchen, die mit Stichworten in Blockschrift beschrieben sind, in den Händen gehalten werden. Dies verhindert, dass das Zittern der Hände sichtbar wird.
- Fernbedienung bei Computerpräsentationen.

Bei der Präsentation sollte vermieden werden:

- Die Arme vor der Brust zu verschränken.
- Die Hände provokant in die Hüfte zu stützen.
- An der Kleidung herumzuzupfen.
- Beide Hände in die Hosentaschen zu stecken.

3.2 Bewegung

Bewegung während der Präsentation ist grundsätzlich positiv zu bewerten. Sie hebt Energiestaus auf und senkt die Nervosität. Durch einen eingeplanten Medienwechsel (zB vom Overheadprojektor zum Flipchart, zum Computer und Projektor) ergibt sich automatisch Bewegung.
Die Körperhaltung soll gerade, aber nicht steif sein. Der Präsentator soll mit beiden Beinen auf der Erde stehen und sie gleichmäßig belasten.

Während des Vortrags sollte vermieden werden:

- Eine Vorführung von übertriebener Gestik („Turnübungen") und Mimik.
- Der Präsentator soll nicht durch den Raum rennen, sondern sich langsam Schritt für Schritt auf die Zuhörer zu- und wieder zurückbewegen.
- Der Vortragende sollte nicht ständig nervös von links nach rechts pendeln. Die Zuhörer sind bei einer Präsentation und nicht bei einem Tennisspiel.
- Der Präsentator soll den Raum nutzen und nicht wie eine „Superkleberwerbung" auf einem Platz kleben.
- Es ist aus zwei Gründen nicht ratsam bei einer Präsentation zu sitzen. Denn erstens sieht man die Zuhörer sehr schlecht und zweitens: „Der Präsentator hat einen Standpunkt, den er präsentieren will, daher steht er!"

„Lächle und die Welt lächelt zurück."

3.3 Lächeln

Ein gelegentliches Lächeln – nicht Grinsen – entspannt die Atmosphäre. Es macht den Präsentator sympathisch und stimmt ihn innerlich positiv. Das Lächeln soll aber zu den Inhalten der Präsentation passen. Sind bei einer Aufsichtsratssitzung gesunkene Umsatzzahlen bekannt zu geben, so ist ein Lächeln sicher nicht passend.

Grundsätzlich sollte der Präsentator ein freundliches, entgegenkommendes und offenes Auftreten haben.

Versuchen Sie, Beispiele von Fernsehsprechern zu finden, bei denen das Lächeln und die gesprochenen Nachrichten nicht zusammenpassen!

3.4 Blickkontakt

Der Blickkontakt ist eines der wichtigsten nonverbalen Kommunikationsinstrumente des Präsentators. Er soll überall hinschauen, aber nirgends zu lange verweilen. Der Vortragende sollte nicht vergessen, auch die Personen auf den Ecksitzen immer mittels Blickkontakt anzusprechen. Es kommt am besten an, wenn er immer wieder in die Runde blickt.

Folgende Charaktere sind bei Vorträgen nicht beliebt:

„Schau mir in die Augen, Kleines."

Der Hypnotiseur: Er starrt immer nur einen bestimmten Zuhörer an.

Der Mönch: Sein Blick ist immer gegen den Himmel gerichtet.

Der Schwammerlsucher: Er richtet den Blick starr auf den Boden.

Der Manuskriptverehrer: Er senkt den Blick nur in die Unterlagen.

Der Medienfreak: Sein Blick ist nur auf Folien, Flipchart oder Bild-

Der Präsentator

Stellt sich heute ein Hindernis vor dich, dann wirf zuerst dein Herz darüber, dann folge ihm. Du findest die richtige Lösung.

A. Lassen

Ein tröstlicher Gedanke:
Wenn Sie gut vorbereitet sind, wird Ihr Publikum das Lampenfieber gar nicht bemerken!

Reptiliengehirn *= wird auch Nachhirn, Gehirnanhang genannt.*

4 Lampenfieber

Es ist ganz natürlich, dass man vor einer Präsentation aufgeregt und nervös ist und Angst vor dem Versagen hat. Der Druck im Bauch, der Knoten im Hals sind ganz normale Reaktionen. Nur einer unter einer Million Redner hat kein Lampenfieber.

Entscheidend ist, dass es gelingt, das Lampenfieber in positive Energie umzuwandeln. Der durch die Nervosität verursachte Adrenalinschub sollte so eingesetzt werden, dass er sich positiv auf die Präsentation auswirkt.

4.1 Ursache des Lampenfiebers

Der älteste Teil unseres Gehirns, das so genannte Reptiliengehirn, regelt die Überlebensfunktionen (Herzschlag, Atmung, Blutkreislauf, Stoffwechsel usw.). Bei diesem Gehirnteil handelt es sich eigentlich um den verlängerten Teil des Rückenmarks.

Bei einer neuen Situation, wie einer Präsentation, schaltet das Gehirn auf Alarm. Der Herzschlag wird erhöht, die Muskelspannung verstärkt. Dadurch wird der Körper auf die Reaktionen Flucht oder Kampf vorbereitet. In dieser Situation stehen dem Großhirn weniger Energien zur Verfügung, da jetzt Sprache, Logik, Analyse, Fantasie weniger wichtig sind als das Überleben.

4 Lampenfieber

Diese Reaktionen sollen so weit unter Kontrolle gebracht werden, dass man wieder frei denken kann. Denn tatsächlich geht es nicht ums Überleben, sondern nur um eine Präsentation, für die die meiste Arbeit schon während der Vorbereitung erledigt wurde.

Es besteht nun die Möglichkeit zu zeigen, was man geleistet hat.

4.2 Tipps gegen das Lampenfieber

Tief durchatmen

Durch Lampenfieber wird das normale Verhältnis zwischen Sauerstoff und Kohlendioxyd verändert. Mehrmaliges tiefes Durchatmen stellt das normale Verhältnis wieder her.

Auf beiden Beinen stehen

Mit beiden Beinen auf dem Boden stehen und das Gewicht gleichmäßig auf den Sohlen verteilen. Nicht von einem Bein auf das andere zappeln, dies steigert die Nervosität.

Bewegung

Sie hilft, Energiestaus aufzulösen. Eine Möglichkeit sind „Schreibtisch-Aerobicübungen":
- Kopf vorwärts, rückwärts und seitwärts kreisen.
- Schultern kreisen.
- Schultern anheben und fallen lassen.
- Beine während des Sitzens anheben, bis sie sich parallel zum Boden befinden, die Stellung halten und dann die Beine wieder senken.

Spannen und Entspannen bestimmter Muskeln

- Faust machen und wieder öffnen.
- Bauchmuskeln anspannen und locker lassen.
- Handinnenseiten fest gegeneinander drücken.
- Stirn anspannen und entspannen.
- Augen zupressen und entspannen.
- Unterschenkel anspannen und entspannen usw.

Alle Übungen sind mehrmals zu wiederholen.

Lachen

Lachen kann helfen, den Stress zu reduzieren. Durch die Bewegung der Gesichtsmuskeln wird Stress vermindert und in Energie umgewandelt.

Kinesiologische Übungen

Hierbei handelt es sich um Körper- und Energieübungen, die von Dr. Dennison speziell für unsere moderne Gesellschaft entwickelt wurden.

Folgende **Fähigkeiten** sollen geschult werden:
- Die Integration der rechten und der linken Gehirnhälfte.
- Das Lese- und Hörverständnis.
- Die Konzentrationsfähigkeit.
- Das Gleichgewichtsgefühl.
- Die Augen-Hand-Koordination.
- Die allgemeine Körperkoordination.

Tipps gegen das Lampenfieber

Viele dieser Bewegungsübungen macht man in Stresssituationen ganz automatisch. Beobachten Sie sich einmal genauer und versuchen Sie, diese unbewussten Bewegungen bewusst einzusetzen.

Wussten Sie, dass Krokodile nicht lachen können? Sie verfügen nämlich nur über ein Reptiliengehirn und kein Großhirn!

Durch das Lachen wird in Stresssituationen die Dominanz des Reptiliengehirns vermindert und das Großhirn gewinnt an Bedeutung.

„Wer lacht, kämpft nicht und flüchtet nicht."

Der Präsentator

„Gehirnknöpfe"

„Links – rechts"

Visualisieren = *sichtbarmachen, auf optisch ansprechende Weise darstellen*

„Gorilla"
Linken Arm von der Schulter abwärts auf der Innenseite bis zu den Fingerspitzen abklopfen. Arm umdrehen und wieder hinaufklopfen, danach die Schulter ausschütteln. Mit dem rechten Arm fortsetzen. Dann mit den Fingerkuppen beider Hände leicht links und rechts auf den Kopf klopfen. Dann weiter über den Hinterkopf, den Hals entlang und an der Außenseite des Körpers über Rücken, Gesäß, Ober- und Unterschenkel bis zu den Zehen. Über die Innenseite der Beine wieder hinauf, vom Bauch weiter bis zur Brust, wo mit einem Trommeln geendet wird.

„Denkmütze"
Die Ränder der beiden Ohren, von den Ohrenspitzen beginnend, mit Daumen, Zeige- und Mittelfinger leicht nach außen ziehen.

„Gehirnknöpfe"
Daumen und Mittelfinger einer Hand massieren die Dellen rechts und links unterhalb des Schlüsselbeins, während Zeige- und Mittelfinger der anderen Hand auf dem Nabel liegen. Nach ungefähr einer Minute Handwechsel.

„Liegende Acht"
Arme nach vorne strecken, Hände beisammen lassen und eine liegende Acht beschreiben. Bei der Aufwärtsbewegung einatmen, bei der Abwärtsbewegung ausatmen.

„Links – rechts"
Den rechten Ellbogen beugen und zum linken Knie führen, dann den linken Ellbogen zum rechten Knie führen, mehrmals wiederholen.

Entspannungsübungen

Motto: „Zu dumm, ich will aus mir heraus, dabei habe ich doch glatt vergessen, in mich zu gehen."

Hinweise für die Entspannung:
- Einfach geschehen lassen, was geschieht, nichts vornehmen und erzwingen wollen.
- Bequeme Kleidung anziehen.
- Bequeme und entspannte Sitz- oder Liegehaltung einnehmen.
- Sich auf einen Körperteil nach dem anderen konzentrieren, Muskeln anspannen – entspannen.
- Sich auf einen Platz visualisieren, auf dem man sich wohl fühlt.
- Die Aufmerksamkeit auf die Atmung lenken.
- Entspannungsmusik verwenden.
- Aufmerksamkeit auf die innere Wirklichkeit richten: „Ich bin."

Musterbeispiel für eine Entspannungsübung:

Meeresspaziergang
Entspannungsmusik verwenden (zB „Silent Joy" von Anugama)

Setz dich bequem und entspannt hin – die Beine nebeneinander, die Arme locker seitlich am Körper oder am Bauch – schließe die Augen –
und dann hör hinein in deinen Körper – ob es so, wie du jetzt sitzt (oder liegst), bequem ist – und wenn nicht, verändere die Stellung so, bis sie wirklich angenehm ist – und dann erlaube dir, so zu bleiben, wie du jetzt bist – –
Und während du alle Geräusche im Raum wahrnehmen kannst – die Musik im Hintergrund – meine Stimme – und während du spüren kannst, wie du bequem in deinem Sessel sitzt, kannst du loslassen – loslassen von allen Anstrengungen – loslassen von allen Absichten – –
Du weißt – dass es in den nächsten Minuten nichts zu tun gibt – nichts zu tun und nichts zu erreichen – und du weißt, dass du dir nun erlauben kannst – einfach so dazusitzen – und dich zu entspannen – –

Und während du diesen Zustand genießen kannst – lenk die Aufmerksamkeit von außen nach innen und lass die Ruhe und Entspannung tief in deinen ganzen Körper – und während du diesen Zustand weiter genießen kannst – geh in Gedanken – mit deiner Aufmerksamkeit langsam durch deinen Körper – –

Lenk zuerst deine Aufmerksamkeit auf deinen Kopf – und lass Ruhe und Entspannung tief hineinsinken – in deinen Kopf – in deine Gedanken – –
die Stirn entspannt sich – ist entspannt –
die Augen müde und schwer – müde und schwer –
die ganze Muskulatur deines Kopfes – wird locker – entspannt sich – ist entspannt – –

Und dann geh langsam weiter mit deiner Aufmerksamkeit – und lass Ruhe und Entspannung auch hineinfließen in deinen Oberkörper – in alle Organe dort – –
das Herz ruhig und gleichmäßig – ruhig und gleichmäßig –
der Magen entspannt sich – ist entspannt – –

Und während du so dasitzt – und während du alles wahrnehmen kannst – die Geräusche – die Musik – meine Stimme –
lass die Ruhe und Entspannung nun auch hineinfließen in deine Arme und in deine Hände – nur spüren, wo die Hände aufliegen – oder wo sie den Körper berühren – nichts verändern oder kontrollieren – nur spüren – wahrnehmen – loslassen und tiefer gehen – –

Die Geräusche – – die Gedanken – – und die Aufmerksamkeit sind bei deinen Empfindungen – – bei deinem Körper – –
Und dann geh mit deiner Aufmerksamkeit weiter – und lass die Ruhe und Entspannung auch hineinfließen in deine Beine – –
Nur spüren, wo die Beine den Boden berühren – das Gewicht in deinen Beinen – – loslassen und tiefer gehen – –

Und während du so dasitzt und zuhörst – kannst du vielleicht merken – jetzt oder in einer Weile – wie sich die Ruhe in dir nun auch um dich herum ausgebreitet hat – – und sich nun auch der Rhythmus deines Atems verändert hat – dass die Atmung ruhiger geworden ist – oder sanfter – – und für eine kleine Weile bleib mit deiner Aufmerksamkeit beim Rhythmus deines Atems – – nur spüren – wahrnehmen – – nichts kontrollieren – – nur loslassen und tiefer gehen – –

Musikempfehlungen für Entspannungsübungen
Sampler: Mystery of Sound & Silence I, II, III
Anugama: Silent Joy
Anugama: Spiritual Environment
Sampler: Meditation II
Steve Halpern: Spectrum Suite
Klaus Wiese: Baraka, Qumra, Planeten-Klangbilder
Ultra Meditation I–VI
Anugama: Classic Fantasy I und II

Autosuggestion – ich kann es!

Stell dir nun vor – du gehst in Gedanken – genau von hier – wo du jetzt bist – hinaus an einen Meeresstrand – –

Irgendeinen Strand – den du gut in Erinnerung hast – irgendeinen Strand, wo du vielleicht früher einmal gewesen bist – oder irgendeinen Strand deiner Fantasie – –

Es ist warm – und ein schöner Sommertag – und vor dir kannst du das blaue Meer erkennen – und hörst leise das Rauschen der Wellen – die Musik des Meeres – –

Schau dich genau um – spür dich hinein in die Energie dieses Platzes – und lass dir Zeit dabei – – und während du in Gedanken dort an deinem Strand herumgehst – such dir eine schöne Stelle, wo du dich hinlegen oder hinsetzen kannst – irgendeine Stelle, wo es besonders gut für dich ist – und wo du dich wohl fühlst – –

Und wenn du einen schönen Platz gefunden hast – dann setz dich oder leg dich dort nieder – und genieße einfach das Gefühl, so dazusitzen – oder dazuliegen – nichts zu tun zu haben – loszulassen – –

Es ist warm und freundlich – – über dir der blaue Himmel – und vor dir das rauschende Meer – – und der Alltag – weit weg – ganz weit weg – – Und du fühlst die Ruhe – – in dir und um dich herum – und spürst dich leicht und frei – Genieße dieses Gefühl – – und verweile darin (ca ½ Minute Pause, unter Umständen besteht jetzt auch die Möglichkeit für Autosuggestionen)

Langsam – ganz langsam kehren wir wieder zurück – –
Lass die Augen noch geschlossen – aber spür dich mehr und mehr wieder hinein in deinen Körper –
Beweg langsam die Hände – beweg langsam die Füße – streck dich ganz durch –

Ich werde jetzt langsam von eins bis fünf zählen – und während ich zähle – kommst du mehr und mehr wieder zurück – –
Und bei fünf wirst du dich wach und bewusst fühlen – frisch und erholt – –

Eins – bewege dich mehr und mehr – und
Zwei – streck dich durch – und
Drei – mach einen tiefen Atemzug – und
Vier – und –
Fünf – komm langsam – ganz langsam – in dem Tempo zurück – das für dich angenehm und gut ist

Autosuggestion

Das sind positive Formulierungen, die helfen, ein gestecktes Ziel zu erreichen. Sie sind vor dem Schlafengehen und dem Aufstehen ca. 20-mal zu wiederholen. Die größte Wirkung erreicht man im entspannten Zustand.

- „Ich kann es!"
- „Es ist einfach."
- „Ich schaffe es!"
- „Ich werde erfolgreich präsentieren!"
- „Ich kann es, ich will es, ich tue es!"
- „Ich drücke mich klar und deutlich aus."

Regeln für die Autosuggestion
- Ziele klar und positiv formulieren.
- Die Fähigkeit ansprechen, die man zum Erreichen des Zieles braucht (Freisetzen innerer Kräfte). Ein typisches Beispiel waren die österreichischen Skispringer unter Baldur Preimel mit der Schellbachformel.
- Keine großen Ziele anstreben, sondern überschaubare Teilziele.
- Nur im Einklang mit der eigenen inneren Überzeugung arbeiten.
- Fantasien und Bilder benutzen, um die Ziele bildhaft zu gestalten.

Schellbachformel = Sie wurde von einem Psychologen entwickelt und in den Siebzigerjahren erstmals erfolgreich im Sport eingesetzt.

Positives Denken

Man sollte den Situationen und Problemen, die auf einen zukommen, die positiven Seiten (Sonnenseiten) abgewinnen können:
„Zwei Wanderer marschieren auf einen steilen Berg. Nach ein paar Stunden anstrengender Wanderung machen sie Rast. Auf der Wanderkarte finden sie heraus, dass sie genau die Hälfte des Weges hinter sich gebracht haben.
„Ach", seufzt der eine, „jetzt müssen wir noch einmal so lange marschieren."
„Fein", lacht der andere, „die Hälfte haben wir schon hinter uns!"

Positiv denken!

 Arbeitsaufgaben

1. Nennen Sie die wichtigsten Kriterien für einen erfolgreichen Präsentator!
2. Warum hat „Sei immer du selbst" so große Bedeutung? Begründen Sie Ihre Antwort!
3. Nennen Sie die wichtigsten Punkte, die bei der Vortragssprache zu beachten sind!
4. Versuchen Sie, die Texte 1–3 mit Betonungswechsel, variierender Geschwindigkeit, variierender Lautstärke und mit Sprechpausen vorzutragen!

Text 1
Der erste Schritt zur Verbesserung
meiner rhetorischen Fähigkeiten
ist meine Gegenwartsklarheit.

Ich bin mir im Klaren,

wer ich bin,

was ich empfinde,

welche Aufgaben ich auf Grund meiner
Fähigkeiten habe,

welche Stärken ich habe,

was ich will,

welche Ziele ich anstrebe
und wie ich diese Ziele erreichen werde.

Mein Ziel ist
positiv – aktiv – klar.

Notizen zu den Arbeitsaufgaben

Text 2
Hindernisse, die sich mir in der Zielerreichung entgegenstellen, kann ich überwinden.

Ich brauche dazu eine positive Grundhaltung.

Meine Haltung und die damit verbundenen Gefühle kann ich beeinflussen.

Zuerst kommt der Gedanke, dann das Gefühl.

Hindernisse kann ich umso besser bewältigen, je klarer meine Zielsetzung ist.

Ziele haben eine positive Sogwirkung und bringen mich zum Handeln.

Wir handeln, wie wir denken.
Wir fühlen uns, wie wir denken.

Unsere Körperhaltung zeigt, wie wir fühlen.
Das Gefühl gehorcht dem Denken.

Text 3
Wir wissen, was wir wollen, und machen heute den ersten Schritt.

Wir wollen andere erreichen. Wir erreichen sie, wenn wir uns frei und lebendig ausdrücken.

Diese Fähigkeit ist wie jede andere erlernbar. Dafür müssen wir üben. Üben ist der Weg zum Können.

Und wir können üben. Wir können uns sehr unterschiedlich ausdrücken.

Wir können sehr leise sprechen – das erzeugt Aufmerksamkeit.

Wir können laut werden – das wird man hören.

Wir können schneller und noch schneller werden – das bringt Tempo, Dynamik und reißt mit.

Wir können langsamer werden und – – – die Pausen – – – betonen – das lässt Zeit – – – zum Nachdenken – – – zum Überlegen – – – zum Ordnen – – – zum Verinnerlichen.

Wir können mit Worten Bilder malen – das lässt vor aller Augen Bilder entstehen.

Ein guter Redner bewirkt, dass die Menschen mit den Ohren sehen können.

Wir können Inhalte zum Klingen bringen – das hören alle, die auf Ober-, Unter- und Zwischentöne horchen und auf Begleitmusik lauschen.

Wir können Gefühle erzeugen und Anstöße geben – das macht fühlbar, das macht greifbar und handfest.

Wir können Anliegen schmackhaft machen – das gibt die richtige Würze.

Wir können alles machen, mit dem ganzen Körper reden und Mimik einsetzen.

Das alles ist erlernbar. Je mehr wir üben, desto besser ist das Ergebnis.

5. Legen Sie für eine selbst erdachte Präsentation in wenigen Worten den roten Faden fest!
6. Warum ist die Übereinstimmung verbaler und nonverbaler Kommunikation besonders wichtig?
7. Verbale und nonverbale Sprache sollen im Einklang stehen. Versuchen Sie, diesen Text möglichst lebendig vorzutragen.

   Bauen wir ein Haus:
   Unsere Stadtwohnung war so klein,
   die Fenster, die Zimmer,
   alles war viel zu eng.
   Wir hatten eins, zwei, drei, vier Kinder,
   die tobten ständig herum:
   Einmal waren sie hier, dann dort.
   Wir wurden beinahe wahnsinnig.
   So beschlossen wir, ein Haus zu bauen.
   Wir besichtigten viele Grundstücke:
   große, kleine, mit Aussicht, ohne Aussicht,
   im Tal, am Hang und manche oben auf dem Berg.
   Wir kauften uns das Grundstück ganz oben auf dem Berg.
   Von dort hatten wir eine wunderschöne Aussicht:
   nach Norden,
   nach Süden,
   nach Osten und
   nach Westen.
   Morgens hatten wir die Sonne im Osten,
   abends ging sie dann, nachdem sie im Süden
   den Tag über gewesen war, im Westen unter.
   Überall hatten wir Sonne.
   Wir hatten viele verschiedene Arbeiten durchgeführt,
   geschuftet und geschuftet.
   So ging es Monat um Monat ...

8. Welche Bedeutung haben die Hände bei der Präsentation?
9. Nennen Sie jene Verhaltensweisen, die besonders bei Blickkontakt vermieden werden sollten!
10. Geben Sie mindestens drei wichtige Tipps für den Umgang mit Lampenfieber!

Der Präsentator

Das Wichtigste in Kürze.

Zusammenfassung

- Der Präsentator ist das Wichtigste einer Präsentation. Er muss sich dabei wohl fühlen. Er muss versuchen, immer er selbst zu bleiben. Einzig und allein von ihm hängt die Qualität der Präsentation ab.
- Die Sprache soll nicht monoton, sondern lebhaft und mitreißend sein. Angst vor Versprechern und Blackouts ist völlig unnötig. Sie haben weniger Bedeutung, als man denkt.
- Die Hände helfen, den Vortrag zu unterstützen. Es soll Bewegung in die Präsentation kommen.
- Vergessen Sie nicht, Ihre Zuhörer anzublicken und freundlich zu sein.
- Lampenfieber ist eine ganz natürliche Reaktion des Körpers. Versuchen Sie, es positiv für Ihre Präsentation zu nutzen.
- Verwenden Sie von den Tipps gegen das Lampenfieber nur die, die Ihnen passend erscheinen.

**Gehen Sie ruhig und entspannt in Ihre Präsentation.
Sie können es!**

Die Präsentation

Man muss das Unmögliche versuchen, um das Mögliche zu erreichen.
Hermann Hesse

Grundlegende Überlegungen zum Thema:

„Die Grundlagen für eine gute Präsentation werden schon während der Vorbereitung gelegt. Nichts geht von selbst!"

„Nur eine gute Struktur macht die Präsentation übersichtlich und klar!"

„Die Medien dienen zur Visualisierung der Präsentation. Sie sollen gezielt nur dort, wo sie wirklich passen, eingesetzt werden!"

Als Formel gilt: „Keep it simple and stupid!" (K. I. S. S.-Formel)

 Unsere Ziele

Nach Bearbeitung dieses Kapitels sollten Sie

- die wesentlichen Punkte beim Aufbau einer Präsentation beschreiben können;
- die verschiedenen Medien kennen und einsetzen können;
- die wichtigsten Punkte für die Verständlichkeit eines Vortrages nennen können;
- eine Präsentation mit PowerPoint gestalten können.

Am Beginn der Planung einer Präsentation muss die Frage nach dem „Warum?" stehen. Die Frage nach dem „Was?" wird später, bei der systematischen Ordnung des Inhalts beantwortet. Die Antwort auf die Frage, warum diese bestimmte Präsentation vor diesem bestimmten Publikum gehalten werden soll, hilft Ihnen bei der Vorbereitung.

Die Präsentation

1 Vorbereitung

Die Präsentation ist nur die Spitze des Eisberges. Die eigentliche Arbeit wurde schon während der Vorbereitung erledigt.

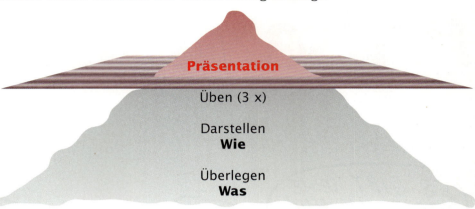

Bevor du dich auf den Weg machst, musst du Ordnung in deine Gedanken bringen.
Arthur Lassen

1.1 Inhaltliche Vorbereitung

1.1.1 Festlegung von Zielen

Bevor mit der inhaltlichen Vorbereitung begonnen werden kann, ist es wichtig, die Ziele der Präsentation festzulegen.
Ziele sind Wünsche, Bedürfnisse und Aufgaben, als konkrete Absichten formuliert. Die Ziele sollen Handlungen auslösen, die dazu führen, dass die Ziele auch erreicht werden.

Ziele sollten
- positiv (nicht vermeidend),
- überprüfbar,
- terminisiert,
- eindeutig und konkret sein.

Sie müssen Ihre Ziele kennen!

Fragen, die während der Zielfindung zu stellen sind:
- Was will man bei den Zuhörern erreichen?
- Will man informieren, schulen oder überzeugen?
- Was soll das Ergebnis der Präsentation sein?
- Welchen Eindruck will man persönlich machen?

1.1.2 Zuhöreranalyse

Während dieser Phase sollte geklärt werden:
- **Eingangsvoraussetzungen der Zuhörer:** Welche Voraussetzungen bringen die Zuhörer mit? Welche Fachausdrücke, Begriffe, Fremdwörter usw. können als bekannt vorausgesetzt werden?
- **Werte der Zuhörer:** Was ist für die Zuhörer wichtig, was nicht?
- **Erwartungshaltungen der Zuhörer:** Die Präsentation muss so aufgebaut werden, dass sie für den Zuhörer interessant ist. Von besonderer Bedeutung sind hier die Schnittstellen zwischen der Information der Präsentation und den Bedürfnissen der Zuhörer. Je mehr Schnittstellen es gibt, desto größer wird der Erfolg der Präsentation sein.

Nur wer weiß, wo er hinwill, kann auch beurteilen, ob die Richtung stimmt!

*Wer über sich selbst spricht, langweilt die anderen;
wer über seine Zuhörer spricht, fasziniert sie.*
H. Rückle

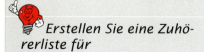 Erstellen Sie eine Zuhörerliste für
- einen Elternabend Ihrer Schule und für
- einen abendlichen Vortrag eines Wertpapierspezialisten der örtlichen Bank!

1.1.3 Sammlung, Strukturierung und Gliederung von Ideen

Zuerst sollen so viele Ideen wie möglich zum Vortrag gesammelt werden. Diese Arbeit wurde schon bei der Erstellung des Projektberichts erledigt.

Sie haben nun die Aufgaben, die Ideen zu strukturieren und auf drei bis fünf Kernpunkte zu reduzieren.

Anschließend bringen Sie Ihre Kernpunkte in eine übersichtliche Gliederung. Der rote Faden, der deutlich durch die gesamte Präsentation läuft, ist für ihr Gelingen wesentlich.

Ideen finden, auswählen und strukturieren.

1.1.4 Gliederung des Inhalts

Der Vortrag gliedert sich meist in drei Teile. Als wichtige Regel für die Vortragsgliederung gilt:

Sag ihnen, was du sagen wirst. (Einleitung)
Sag es ihnen. (Hauptteil)
Sag ihnen, was du gesagt hast. (Schluss)

Einleitung

Sie soll einen Überblick über das Thema geben, zum Thema hinführen und eine Struktur (einen roten Faden) durch die gesamte Präsentation zeigen.
Die Übersicht ist auf einem Flipchart, einem Plakat oder einer Folie für alle sichtbar im Raum anzubringen. Bleibt diese Übersicht an der Wand hängen, ist sie auch eine große Hilfe für den Vortragenden, der dadurch ständig einen öffentlichen „Schummelzettel" vor Augen hat.

Die Vorbereitung einer Präsentation erfolgt in Schlagwörtern und nicht wortwörtlich.

Hauptteil

Er beträgt ca. 75 % der gesamten Präsentationszeit. Der Hauptteil kann in bis zu fünf Unterpunkte gegliedert werden.
Die Verwendung von Fallbeispielen ist reiner Theorie vorzuziehen, um bei den Zuhörern „Bilder im Kopf" zu erzeugen.

Besonders wichtig ist der Einsatz der Argumente im Hauptteil. In welcher Reihenfolge sollen die Argumente eingesetzt werden?

Sollen zuerst die stärksten **Argumente** und dann die schwächeren präsentiert werden oder soll vom schwächsten Argument zum stärksten gesteigert werden?

Stellen Sie sich Ihre Argumente wie Päckchen vor, die bei einem Fest geöffnet werden. Kleine Päckchen entsprechen schwachen Argumenten, große Pakete starken Argumenten.
In welcher Reihenfolge werden Sie Ihre Päckchen öffnen? Öffnen Sie zuerst das kleinste und das größte zum Schluss oder stürzen sie sich sofort auf das größte?

Beide Strategien haben Nachteile. Die aufsteigende Linie strapaziert die Geduld des Publikums. Wann erreicht der Vortragende endlich den Höhepunkt?
Beim Start mit dem stärksten Argument verliert die Präsentation von Argument zu Argument an Spannung.

Daher bewährt sich der goldene Mittelweg. Sie starten mit einem mittelstarken Argument und steigern sich dann in der aufsteigenden Linie zu ihren wichtigsten Aussagen. Die schwachen Argumente sollten erst

Erstellen Sie eine Liste von Argumenten zum Thema „Gesunde Schuljause"! Reihen Sie die Argumente!

Die Präsentation

dann Beachtung finden, wenn sie zumindest zu mittelstarken Argumenten angewachsen sind.

Schluss

Der letzte Eindruck ist der beste! Die Kernaussagen der Präsentation werden noch einmal zusammengefasst. Sie sollen als Schlussakzent im Gedächtnis der Zuhörer haften bleiben.

1.1.5 Dauer der Präsentation

Man kann über alles reden, aber nicht länger als 30 Minuten!

Die Aufmerksamkeit der Zuhörer hält nur 20 bis 30 Minuten an, dann lässt sie merklich nach (siehe Grafik). Daher sollte die Präsentation durch Pausen bzw. durch Gelegenheiten zur subjektiven Verarbeitung für die Zuhörer unterbrochen werden.

Dafür bieten sich verschiedene Möglichkeiten an:
- Fragen an die Zuhörer richten.
- Fragen der Zuhörer sammeln (Fragen, die nicht sofort beantwortet werden, auf einem Flipchart notieren).
- Aktivphasen für die Zuhörer, zB eine kurze Partner- oder Gruppenarbeit.

Je aktiver die Zuhörer in die Präsentation einbezogen werden, desto lebendiger wird die Präsentation. Voraussetzung dafür ist eine solide Vorbereitung!

Die folgende Grafik zeigt die Abhängigkeit der Lernleistung von der Länge des Vortrages und die positiven Auswirkungen, die sich durch Pausen bzw. Aktivierungsphasen ergeben.[1]

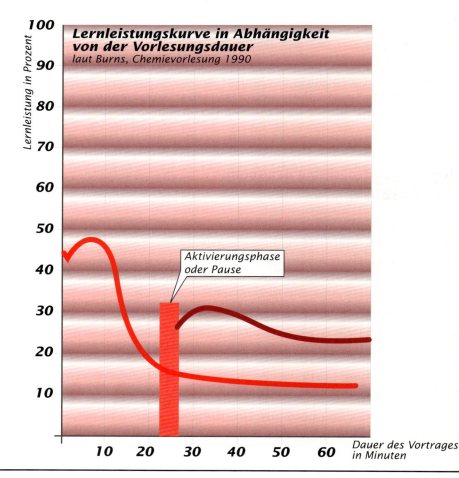

[1] U. Göpfert, Ganzheitliche Lehr- und Lernmethoden, Seminarunterlage

1.2 Darstellungsform der Präsentation

Nachdem die inhaltlichen Aspekte der Präsentation geklärt und schriftlich festgehalten worden sind, ist als Nächstes die Durchführung der Präsentation zu planen.

Die zentralen Fragen lauten:
- Welche Medien sollen verwendet werden?
- Wie ist das Zahlenmaterial aufzubereiten?
- Welche räumlichen Gegebenheiten liegen vor?

Die visuellen Hilfsmittel dienen dazu,
- die Aufmerksamkeit des Publikums auf etwas zu konzentrieren,
- die verbale Botschaft zu verstärken und
- Fakten zu illustrieren, die sonst schwer zu veranschaulichen sind.

Für den **Aufbau der Hilfsmittel** gilt das **KEPA-Prinzip**.
K: kurz
E: einfach
P: präzise
A: anschaulich

KEPA–Prinzip.

1.2.1 Grundregeln für die Gestaltung von Hilfsmitteln

Die Hilfsmittel sollten so gestaltet sein:
- einfache Grafiken,
- wenig Details,
- Text und Schrift einfach und leserlich,
- einfache Figuren,
- dicke Linien,
- kräftige Farben,
- dieselbe Farbe durchgängig verwenden,
- Rahmen verwenden,
- grundlegende Farbsymbolik beachten:
  rot = auffällig, aktiv,   blau = technisch, kühl, ruhig,
  grün = positiv, beruhigend,   braun = warm, ruhig,
- gelernte Farbcodes benutzen (zB Parteifarben, Firmenfarben, rote und schwarze Zahlen usw.).

Es ist nicht notwendig, um jeden Preis mit optischen Hilfsmitteln zu arbeiten. Wenn Sie Grafiken, Diagramme und Tabellen „an den Haaren herbeiziehen" müssen, dann verzichten Sie lieber darauf.

Nähere Details zur Gestaltung der diversen Hilfsmittel werden im Kapitel Medien erläutert.

1.2.2 Darstellung von Tabellen und Diagrammen
Tabellen

Die Darstellung von Zahlenmaterial ist bei Präsentationen relativ schwierig.
Grundsätzlich sollte die Darstellung von vielen Zahlen vermieden werden. Unübersichtliche Zahlenmengen verwirren sowohl die Zuhörer als auch den Präsentator.
Überdies sind viele Zahlen für die Zuhörer nicht fassbar bzw. nach dem Vortrag können sie sich nicht mehr daran erinnern. Für viele Menschen ist alles, was über tausend ist, „sehr groß" und alles unter einem Tausendstel „sehr klein".

Lässt sich die Darstellung von Zahlen nicht vermeiden, so sind Tabellen eine Möglichkeit, Zahlenmaterial für das Publikum transparent zu machen. Die Tabellen müssen aber für das Publikum lesbar sein, dh übersichtlich und groß genug geschrieben sein.

Kompliziert! Darstellung von Zahlenmaterial.

Die Präsentation

Regeln für die Gestaltung von Tabellen
- Bei übersichtlichen Mengen bleiben (zB wenige Kommastellen).
- Schmale Zahlen verwenden (Zahlen sind nur bis zu drei Ziffern wirklich lesbar, daher möglichst auf dreistellige Zahlen beschränken).
- Größenordnungen und Einheiten im Spalten- oder Zeilentitel angeben.
- Spalten grundsätzlich am Dezimalpunkt ausrichten.
- Die entscheidenden Aussagen hervorheben (unterstreichen, einrahmen oder farblich unterlegen).

Gebarung des Bundes				
Jahr	Ausgaben in Mrd ATS	Einnahmen in Mrd ATS	Abgang in Mrd ATS	in % des BIP
1990	564,7	501,9	62,9	3,5
1995	764,6	646,7	117,9	4,8
1996	754,8	665,4	89,4	4,2
1997	749,8	682,6	67,2	2,6
1998*)	754,1	686,8	67,3	2,5
1999*)	767,6	697,4	70,1	

Q.: Bundesrechnungsabschlüsse und Bundesvoranschläge.
*) Bundesvoranschlag.

Diagramme

Sie sind gut geeignet, um Zahlen und Tabellen bildhaft zu gestalten. In jedem Diagramm wird eine bestimmte Beziehung des Zahlenmaterials hervorgehoben, während der Rest unterdrückt wird. Aus diesem Grund geben Diagramme immer einen gewissen Spielraum zur Manipulation. Jedes Diagramm sollte mit einem aussagekräftigen Titel bzw. einer Beschreibung versehen sein.

Folgende Darstellungen werden durch Diagramme ermöglicht:
- Anteile oder Anteilsveränderungen,
- Kontraste,
- Beziehungen und
- Aussagen über Häufigkeiten oder Kumulationen.

Für die Auswahl der Diagramme ist entscheidend, ob Zeitreihen oder zeitunabhängige Diagramme dargestellt werden sollen.

Darstellungsformen von Diagrammen
Je nachdem, ob in den Diagrammen der Faktor Zeit enthalten ist, unterscheidet man Zeitreihen- und zeitunabhängige Diagramme.

Die wichtigsten Darstellungsformen von **Zeitreihendiagrammen** sind:

- **Säulendiagramm:** Stellt Mengen zu einem bestimmten Zeitpunkt dar. Die Werte müssen in der gleichen Messgröße (zB Währung) angegeben sein, um Entwicklungen in der Zeit zu zeigen. Sie können auch zwei oder mehrere Vergleichsgrößen zu verschiedenen Zeiten darstellen **(Gruppensäulen)**.

- **Fieberkurve:** Es zeigt eine kontinuierliche Entwicklung über eine bestimmte Zeit. Werden mehrere verschiedenartige (farbige) Linien verwendet, können auch Zusammenhänge dargestellt werden.

Säulendiagramm
Quelle: OÖNachrichten, 8. 4. 2000

Gruppensäulendiagramm
Quelle: HSVT.

Fieberkurve
Quelle: News, Ausgabe 7/2000

Die wichtigsten Darstellungsformen von **zeitunabhängigen Diagrammen** sind:

- **Einfache Balken:** Sie ermöglichen, Größen miteinander zu vergleichen, zB Umsätze in verschiedenen Filialen.
- **Kreisdiagramm (Sektorenbild):** Zeigt Anteilsverhältnisse zu einem bestimmten Zeitpunkt oder Zeitraum, zB Umsatzanteile im letzten Jahr.
- **Kartogramm:** Verschiedene Farben oder Schraffierungsmuster zeigen auf einer Landkarte zB unterschiedliche Bevölkerungsdichte, Altersstruktur, Durchschnittseinkommen usw.

Einfache Balken
Quelle: News, Ausgabe 7/2000

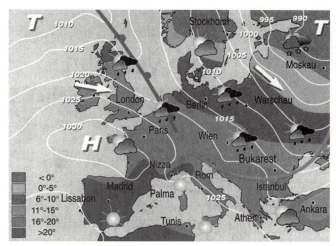

Kartogramm
Quelle: OÖ Nachrichten 9. 3. 2000

Kreisdiagramm
Quelle: News, Ausgabe 7/2000

1.3 Üben

Dem Üben der Präsentation kommt besondere Bedeutung zu. Eine dreimalige Probe ist empfehlenswert. Die Präsentation soll jedoch nicht auswendig gelernt werden, sondern unter Verwendung der einzusetzenden Medien mehrmals geprobt werden.

Der richtige Umgang mit den einzusetzenden Medien, zB Mikrofon, Overheadprojektor, Computer, Video, Diaprojektor usw., sollte ganz besonders geübt werden. Es wirkt nämlich sehr peinlich, wenn der Vortragende nicht weiß, wie man zB den Overheadprojektor einschaltet.

Außerdem sollten rechtzeitig vor Beginn einer Präsentation alle Medien auf ihre Funktionstüchtigkeit überprüft werden.

Beim Medieneinsatz auftretende Fehler werden im Gegensatz zu vielen anderen Fehlern allen Zuhörern bewusst. Daher vermeiden und üben!!!

Nur Übung macht den Meister.

Die Präsentation

Es sind die kleinen Tupfer, die der Durchschnittskünstler vergessen würde, die aber des Meisters Ruhm ausmachen.
O. S. Marden

**Visualisierung!
Ein Bild sagt mehr als tausend Worte!**

Drei Tipps zum Einsatz von Bildern:

- *Auf die richtige Dosis kommt es an! Die volle Konzentration Ihrer Zuhörer ist nur von beschränkter Dauer.*
- *Bilder sind die Tupfen auf dem „i" und sollen nicht Ihre Präsentation in die Länge ziehen!*
- *Klare und einfache Bilder lassen Ihr Publikum sofort verstehen, was gemeint ist!*

2 Medien

Die Medien ermöglichen die Visualisierung der Gedanken des Vortragenden. Ein Präsentator wirkt überzeugender, wenn er Overheadfolien, Flipcharts usw. verwendet! Warum?
75 % unserer Informationen erhalten wir über unsere Augen. Wer daher die Zuhörer durch den visuellen Kanal anspricht, der fasziniert sie, denn er aktiviert die rechte Gehirnhälfte der Personen (siehe Kapitel „Gehirngerechte Präsentation"). Wer sich nur auf das Hören verlässt, könnte erfahren, dass das Publikum abgelenkt wird und die Botschaften nicht mitbekommt!

Beim Einsatz von Medien erweist sich die vielfältige Verwendung (Medienmix) als vorteilhaft.

Medien sollten nicht aus folgenden Gründen eingesetzt werden:

- Die Qualität einer Präsentation steht und fällt mit der Person des Vortragenden. Es ist nicht möglich, durch Medieneinsatz persönliche Unsicherheiten zu überdecken.
- Im Zentrum der Präsentation steht der Präsentator, die technischen Hilfsmittel sollten immer am Rand des Raumes aufgestellt werden. „Der schöne Platz in der Mitte" ist für den Vortragenden reserviert.
- Verwenden Sie niemals Medien, um zu zeigen, was Sie alles an Technik anbieten können. Die Medien sollen die Präsentation unterstützen und die Ideen des Vortragenden optimal präsentieren und sonst nichts!
- Der Präsentator ist nicht der Assistent der Folien, des Flipcharts oder des Computers, sondern die Medien sind Hilfsmittel für die Präsentation.
- Schreiben Sie niemals genau das, was Sie sagen, auf die Folie, das Flipchart oder die Computerpräsentation (Ausnahme: Statistiken). Denn der Text des Vortragenden erklärt die Folie, die Computerpräsentation usw. wesentlich genauer. Die eingesetzten Medien dienen als Gedankenstütze für den Vortragenden und das Publikum, da darauf die Hauptpunkte enthalten sind. Je öffentlicher diese Hilfen sind, desto wirksamer sind sie.

2.1 Overheadfolien

Beachtenswertes
- Vor der Präsentation die Funktionstüchtigkeit des Overheadprojektors ausprobieren.
- Standort: Das Gerät nicht in der Mitte des Raumes platzieren, sondern in der fensterfernen Ecke des Raumes.
- Neben dem Projektor sollen Ablageflächen für die Unterlagen des Referenten vorgesehen sein.
- Eine Verdunkelung des Raumes ist nicht erforderlich.

Regeln für die Foliengestaltung
- Die Visualisierung durch Folien unterstützt den Denkprozess und die Erinnerungsfähigkeit. Folien hinterlassen plastische Bilder im Kopf. Sie sprechen die rechte Gehirnhälfte an.
- Die Folien helfen, die Aufmerksamkeit der Zuhörer nach vorne zu zentrieren.

- Die Zuhörer benötigen einige Zeit (ca. zehn Sekunden), um die Folie zu betrachten. Während dieser Zeit hören sie nicht zu. Für die Erklärung benötigt man aber die Aufmerksamkeit der Zuhörer. Aus diesem Grund wird erst dann weitergesprochen, wenn das Publikum die Folie gelesen hat. Der Text der Folie soll nicht wortwörtlich vorgelesen werden, da jeder Zuhörer selbst lesen kann.
- Die Zuhörer sollen die Folien nicht abschreiben. Nach dem Vortrag bekommen sie die zusammengefasste Präsentation als Unterlage.
- Das Publikum betrachtet die Folie wesentlich länger, als es über die gesprochenen Sätze nachdenkt. Daher wiegen Fehler bei der Foliengestaltung wesentlich schwerer.
- **Weniger ist mehr!** Es sollen nur wenige Folien verwendet werden. Nur die wichtigsten Aussagen werden visualisiert.
- Auch für die Folie selbst gilt „Weniger ist mehr". Die Folie enthält nur wenige Aussagen, diese müssen aber übersichtlich gestaltet und gut lesbar sein. Die Folie soll das Verstehen der Inhalte erleichtern und nicht selbst Erklärungsbedarf benötigen.
- **Bild schlägt Text!** Wie schon erwähnt, sagt ein Bild mehr als tausend Worte. Die verwendeten Bilder müssen aber mit den Aussagen der Folie im Zusammenhang stehen.
- **Farben beleben!** Die Verwendung von Folien, die nur mit einer Farbe beschrieben sind, ist zu vermeiden. Für identische Aussagen sollen immer die gleichen Farben verwendet werden (Farbensymbolik beachten). Mehr als fünf Farben sollten aber nicht benutzt werden (schwarz und weiß zählen als Farben mit).
- Tabellen sollen nicht verwendet werden. Statt dessen sollten die Inhalte der Tabellen grafisch aufbereitet werden (zB als Säulen-, Tortendiagramme usw.). Größenordnungen sollen im Vergleich dargestellt werden, denn viele Personen haben keine Vorstellung von absoluten Zahlen (zB „… nicht der Staat X hat 490 Millionen Einwohner, sondern die Einwohnerzahl ist 70-mal so groß wie die Österreichs.").
- **Schriftgröße:** Für gleiche Textarten immer die gleiche Textgröße verwenden (Überschrift, Zwischenüberschrift, Unterpunkte, Text …). Als Faustregel gilt, dass die Folie ohne Projektor aus zwei Meter Entfernung noch lesbar sein muss. Bei **handschriftlichen Folien** soll die Schrift mindestens 1 cm groß geschrieben werden. Bei **computererstellten** Folien mindestens Schriftgröße 28 p, Fettdruck und eine **serifenlose Schrift** (zB Arial, Helvetica, siehe unten) verwenden.

Gestalten Sie zum Thema „Mein Lieblingssport" eine handschriftliche Overheadfolie und/oder eine Folie auf dem PC!

Overheadprojektor

tragbarer Overheadprojektor

serifenlose Schrift = Schrift ohne Schnörkeln, Verzierungen

Die Schrift muss für alle im Publikum lesbar sein:

Überschrift: 36 pt

Zwischenüberschrift: 32 pt

Text: 28 pt

Fußzeile: 14 pt

Die Präsentation

Was tun gegen Lampenfieber?

☺ **Tief durchatmen**
☺ **Auf beiden Beinen stehen**
☺ **Bewegung**
☺ **Spannen und entspannen bestimmter Muskeln**
☺ **Lachen**
☺ **Kinesiologische Übungen**
☺ **Entspannungsübungen**
☺ **Autosuggestion**
☺ **Positives Denken**

Beispiel einer computererstellten Overheadfolie

2.2 Flipchart- und Plakatgestaltung

Flipcharts können während des gesamten Vortrages im Raum angebracht sein. Sie sind daher ein Dauermedium als Ankerpunkt für das Auge. Besonders gut eignen sie sich für Begrüßung (Einstieg), Themenübersichten, Zeitleitfaden durch das Programm und Ähnliches.
Flipcharts und Plakate können vor der Präsentation vorbereitet werden. Flipcharts können auch während des Vortrages entwickelt werden.

Schön schreiben ist wichtig!

Regeln für die Flipchart- und Plakatgestaltung

- Flipcharts sind nur bis zu einem Abstand von ca. sechs Metern lesbar.
- Die **Schriftgröße** muss mindestens 5 cm betragen.
- **Verschiedene Farben** (maximal vier) verwenden. Eine Grundfarbe und die restlichen Farben für Betonungen. Farbsymbolik beachten (siehe „Grundregeln für die Gestaltung von Hilfsmitteln").
- Spezielle Flipchartstifte verwenden. Das richtige Schreiben mit Flipchartstiften ist reine Übungssache. Eine stille Stunde nach dem Prinzip „Versuch und Irrtum" dafür verwenden, um die richtige Handhabung dieser Stifte herauszufinden.
- Auf dem Flipchart wird immer mit **dicken Stiften** geschrieben. Werden dünne Stifte verwendet, entstehen dürre Spinnenbeine.
- **Druckschrift** verwenden, da sie am besten lesbar ist.
- Die Mittellängen der Buchstaben sollen betont und die Ober- und Unterlängen verkürzt werden. Die Mittellänge wird auf 50 % der Gesamthöhe erweitert, während die Ober- und Unterlängen jeweils nur 25 % aufweisen.

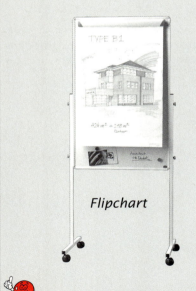

Flipchart

Gestalten Sie zum Thema „Meine Lieblingsband" ein Flipchart!

25 %
50 %
25 %

- Das Flipchart darf nicht voll beschrieben sein. Es sollen unbeschriebene Flächen auf dem Plakat erhalten bleiben.
- Die Flipcharts sollen so knapp wie möglich gehalten werden. Sie sollen eine klar erkennbare Struktur aufweisen. Die Zusammenhänge sind durch Über- und Unterordnungen klar erkennbar zu machen.
- Besonders gut bleiben Flipcharts im Gedächtnis, wenn sie Merkanker und optische Auflockerungen wie Bilder, Schemazeichnungen (Strichmännchen), Diagramme usw. enthalten.
- Nicht nur fertige Flipcharts verwenden. Halb fertige Flipcharts, die vor den Augen der Zuhörer, besser noch mit Hilfe der Zuhörer Schritt für Schritt fertig gestellt werden, hinterlassen wesentlich bessere Spuren im Gedächtnis.

Je mehr von diesen Erkenntnissen bei einer Präsentation berücksichtigt werden, desto besser ist das Ergebnis. Man sollte jede Chance nützen, das Publikum aktiv mitarbeiten zu lassen.

2.2.1 Strukturierte Flipcharts und Plakate

In diesem Fall versteht man unter einer Strukur eine grafisch gestaltete Übersicht. Diese Struktur soll normalerweise ohne zusätzliche Erklärung verständlich sein.
Die Hauptaufgabe der Struktur besteht darin, die Zusammenhänge sowie die Über- und Unterordnungen der zu präsentierenden Informationen klar aufzuzeigen.

Man unterscheidet folgende Grundformen der Strukturen:

- **Hierarchische Gliederung:** Sie ermöglicht Oberbegriffe und Unterbegriffe bzw. Gesamtaufgaben in Teilaufgaben zu gliedern (zB Bereiche der Präsentation).
- **Ablaufdiagramme:** Sie ermöglichen übersichtliche Darstellungen verschiedener Abläufe (zB Ablauf eines Projektes).
- **Matrix:** Sie dient zur übersichtlichen Darstellung von umfangreichen Informationen.
- **Entscheidungstabelle:** Sie zeigt Wenn-Dann-Zusammenhänge auf und hilft, Entscheidungen zu treffen.

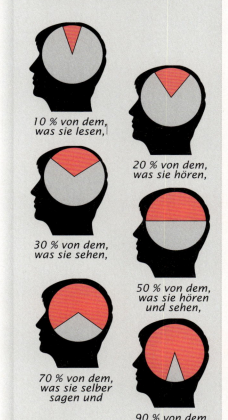

Wie viel merken sich die Zuhörer?

Die Zuhörer merken sich...

10 % von dem, was sie lesen,

20 % von dem, was sie hören,

30 % von dem, was sie sehen,

50 % von dem, was sie hören und sehen,

70 % von dem, was sie selber sagen und

90 % von dem, was sie selber tun.

H. Felder, GLT Trainingshandbuch, Innsbruck, 1994

Erstellen Sie ein strukturiertes Plakat zum Thema „Medieneinsatz bei einer Präsentation"!

Beispiel für hierarchische Gliederung

2.2.2 Mindmaps

Sie sind eine Methode der Flipchartgestaltung, die sprachliches und bildhaftes Denken verbindet. Unser Gehirn arbeitet mit den Techniken Assozieren, Kombinieren und Verbinden, und genau diese Techniken werden beim Mindmap verwendet.

Regeln für Mindmaps

- Verwenden Sie unliniertes Papier im Querformat. Dadurch bleibt die volle Kreativität erhalten (keine Einschränkung durch vorgezeichnete Linien). Das Querformat bietet mehr Möglichkeiten, sich zu entfalten.
- Der zentrale Begriff wird in die Mitte geschrieben und mit einem Kreis umschlossen. Sie können diesen Begriff zusätzlich zeichnerisch darstellen.
- Einige wichtige Aspekte (die Hauptthemen) werden auf die Hauptäste geschrieben. Jeder Hauptast ist direkt mit dem zentralen Thema verbunden und wird zum Mittelpunkt hin dicker.
- Weitere Ideen, die zu den Hauptthemen passen, werden auf Nebenäste geschrieben. Diese Nebenäste lassen sich ebenfalls wieder verzweigen.
- Die Wörter werden in Großbuchstaben und Groß- und Kleinbuchstaben auf die Linien geschrieben, jewels ein Wort pro Linie.
- Besondere Bedeutung hat die Verwendung von Farben (mindestens drei verschiedene Farben verwenden).
- Jeder Hauptast wird in einer anderen Farbe dargestellt.
- Die Nebenäste und -zweige werden in der gleichen Farbe wie der Hauptast gestaltet.

Mindmap: Wir denken vernetzt und in Bildern und nicht linear, wie wir sprechen und schreiben!

- Die Gedanken werden so notiert, wie sie auftauchen. Passt ein Gedanke zu einem der Hauptäste, so wird er dort angehängt. Wenn nicht, wird ein neuer Hauptast gezeichnet. Ebenso lassen sich die Unteräste weiter verzweigen.
- Es soll fantasievoll, farbig, reich an Bildern und humorvoll gestaltet werden. Übertreibungen und witzige Bilder können verwendet werden. Amüsante Einfälle sollen genutzt werden.
- Bei der Gestaltung soll der kreative Prozess nicht durch Überlegungen gestört werden. Jedes Nachdenken, wohin die Begriffe gehören oder ob sie überhaupt dazugehören, stört und verlangsamt den kreativen Prozess.
- Bei der Ideenfindung sollten Sie den Mut zum Spinnen und Träumen haben. Das Undenkbare denken, experimentierfreudig, neugierig und unangepasst sein, keine Angst vor Übertreibungen haben.
- Ein Mindmap ist nichts Fertiges. Es kann immer wieder verändert und neuen Bedingungen angepasst werden.
- Die Erstellung eines Mindmaps soll Spaß und Freude bereiten.

Entwerfen Sie ein Mindmap zum Thema „Planung einer Urlaubsreise"!

Trau dich doch!

Vorteile von Mindmaps
☺ Sie nützen alle Fähigkeiten des Gehirns (rechte und linke Gehirnhälfte).
☺ Sie nützen das Prinzip der Assoziation, welches den freien Fluss der Gedanken unterstützt, aus.
☺ Sie verschaffen einen raschen Überblick über das Thema.
☺ Sie stimulieren die Kreativität der Teilnehmer.
☺ Die Zentralidee wird deutlich hervorgehoben.
☺ Wichtige Ideen sind in der Nähe des Zentrums, weniger wichtige in den Randzonen.
☺ Die Verknüpfungen zwischen den einzelnen Begriffen sind durch die Linien deutlich erkennbar.
☺ Das Mindmap ist im Vergleich mit einer herkömmlichen Liste leicht erweiterbar. Neue Informationen können problemlos angefügt werden.

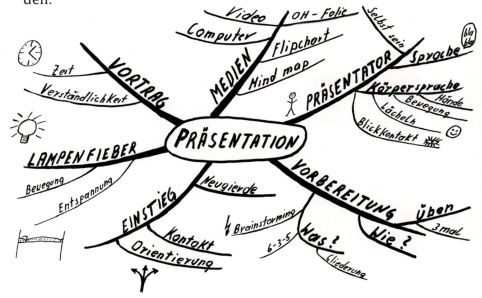

Die Präsentation

Kombinierte Magnet- und Schreibtafel

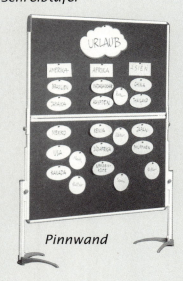

Pinnwand

Fernsehen bei einer Präsentation?

Professioneller Diaprojektor

2.2.3 Steck- und Magnettafeln, Pinnwände

Sie eignen sich sehr gut für die Präsentation von Ergebnissen von Gruppenarbeiten, die mittels Schreibkärtchen an der Steck- bzw. Magnettafel oder Pinnwand angebracht werden. Für eine gute Lesbarkeit der Schreibkärtchen gelten dieselben Regeln wie bei Flipcharts.
Ein besonderer Vorteil besteht darin, dass die Darstelllungen jederzeit veränderbar sind (zB durch Umstecken der Schreibkärtchen).

Schreibkärtchen müssen immer in ausreichender Anzahl zur Verfügung stehen.

2.3 Videos und Dias

Die Frage, ob solche Visualisierungsmittel in einer Präsentation notwendig sind, ist nicht allgemein beantwortbar. Sie wird aber bei kleinen Präsentationen meistens nein lauten.
Der Einsatz von Dias und Videos ist dann angebracht, wenn er dazu dient, das Gesagte realistisch zu unterstützen, bzw. zum Höhepunkt der Präsentation wird.

Entscheidet man sich für den **Einsatz,** sollte man beachten:

- Der Vortragende muss sich mit der vorhandenen Technik vertraut machen und den Umgang mehrmals üben.

- Es bedarf abgedunkelter Räume, wodurch es sehr schnell zu Ermüdungserscheinungen beim Publikum kommt. Durch die verdunkelten Räume wird der Einsatz eines Medienmix sehr schwierig. Es kann zu Problemen kommen, wenn zB der Präsentator nicht mehr gut wahrgenommen wird.

- Die Bildqualität von Videos ist oft schlechter als in Kino oder im Fernsehen.

- Da Fernsehen das meistverwendete private Medium ist, soll bei einer Präsentation der Videoeinsatz nur sehr kurz gestaltet werden. Bei einer Präsentation sollte das Hauptaugenmerk des Publikums doch beim Präsentator liegen. Denn fernsehen können die Zuhörer zu Hause, dazu müssen sie nicht zu einer Präsentation kommen.

2.4 Computerpräsentation

Der Computer ist vor allem im Zusammenhang mit Großleinwandprojektoren das wichtigste Präsentationsmedium der Gegenwart.

Vorteile von Computerpräsentationen

☺ Auch beim PC-Einsatz steht der Präsentator im Mittelpunkt. Aus diesem Grund soll der Vortragende stehen und sich öfter vom PC wegbewegen, um den Kontakt mit dem Publikum aufrechtzuerhalten (zB Verwendung einer ferngesteuerten Maus).

☺ Für den PC-Einsatz gilt ebenfalls „Weniger ist mehr". Es soll nicht jede kleinste Information in Bilder verpackt werden. Es ist ganz bewusst eine Auswahl zu treffen, die dann mit Hilfe des PC optimal aufbereitet wird.

☺ Der PC-Einsatz soll so individuell wie möglich gestaltet werden. Die Präsentation soll unverwechselbar sein und die Handschrift des Präsentators tragen.

2 Medien

Nachteile von Computerpräsentationen

☹ Der Präsentator soll nicht zum reinen Gerätebediener degradiert werden.

☹ Vermeiden von „Mac-Präsentationen"! Im PC sind so viele Grafiken usw. vorgefertigt, dass die Gefahr besteht, dass nur mehr Fertigpräsentationen angeboten werden. Diese „Präsentations-Macs" wirken wie Klone und sehen sich zum Verwechseln ähnlich.

„Im Zentrum steht der Mensch, nicht der PC!"

50 Minuten bis zur ersten Präsentation

Präsentieren mit Powerpoint!

PowerPoint ist ein Teil des Programmpaketes MS-Office. Es eignet sich besonders für die Erstellung von Präsentationen. Die Ausgabe der Präsentation kann über den Bildschirm, Großleinwandprojektoren oder Overheadprojektoren erfolgen. Das Programm ermöglicht auch den Ausdruck von Handzetteln für die Zuhörer.

2.4.1 Einstieg

Der Einstieg erfolgt über folgende Menüpunkte:
- Start
- Programme
- Microsoft PowerPoint

Bedenken Sie!

Bei allen Vorteilen, die ein Präsentationsprogramm Ihnen bieten kann: Es befreit Sie nicht von einer sorgfältigen und genauen Vorbereitung! Atemberaubende Effekte und Computeranimationen täuschen nur sehr selten über fehlende Inhalte oder schlechten Vortrag hinweg.

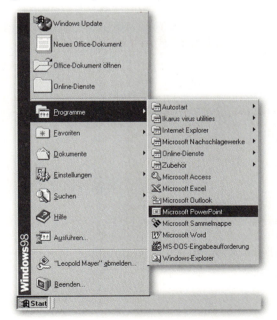

Die Präsentation

2.4.2 Eröffnungsbildschirm

Grundsätzlich gibt es zwei Möglichkeiten. Man kann entweder eine schon vorhandene Präsentation öffnen oder eine neue Präsentation erstellen.

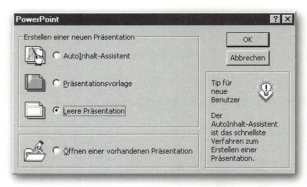

Für die Erstellung einer neuen Präsentation bietet das Programm drei Möglichkeiten an:

- **AutoInhalt-Assistent:** Er stellt 23 professionelle Vorlagen zur Verfügung. Es müssen nur mehr die eigenen Sachverhalte und Informationen in ein vorgegebenes Schema eingepasst werden.

- **Präsentationsvorlage:** Es sind bereits Hintergrundfarbe, Schriftfarbe, Schriftart und Schriftgröße vorgegeben oder man kann sie aus verschiedenen Möglichkeiten auswählen.

- **Leere Präsentation:** Es gibt keine Voreinstellungen. Man beginnt mit einer weißen leeren Folie.

In diesem Fall klicken Sie auf die Möglichkeit **leere Präsentation.**

Wie erstellt man eine neue Folie?

2.4.3 Eine neue Folie erzeugen

2.4.3.1 Text eintragen

Man kann im Fenster **„neue Folie"** zwischen 24 verschiedenen Möglichkeiten (von komplett leer bis zum Organigramm) wählen, indem das gewünschte Folienformat mit der linken Maustaste angeklickt wird. Anschließend mit dem OK-Feld bestätigen.

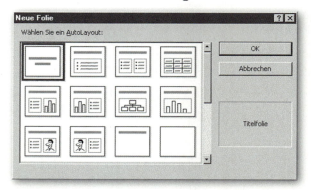

Es wird in das Textobjekt hineingeklickt und der Text wird eingegeben. Nach dem Hineinklicken entsteht ein schraffierter Rahmen mit acht weißen Quadraten.

2 Medien

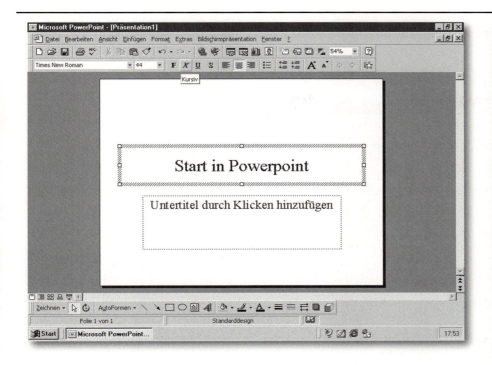

Der Start ins Programm.

- Mit den acht weißen Punkten (Punkte direkt anklicken) kann man das Textfeld vergrößern und verkleinern.
- Klickt man mit der Maus direkt auf den schraffierten Rahmen, kann man das gesamte Textfeld verschieben.
- Beim Verschieben, Vergrößern und Verkleinern muss man die linke Maustaste gedrückt halten.

2.4.3.2 Texte gestalten
Der zu verändernde Text (Objekt) muss angeklickt und markiert werden.

☞ **Format**

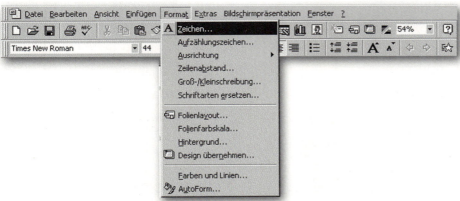

Möglichkeiten der Textgestaltung.

- **Zeichen:** Änderung von Schriftart, Schriftstil, Schriftgröße, Schriftfarbe.
- **Aufzählungszeichen:** ZB Punkt, Stern, Strich usw. können ausgewählt und verändert werden.
- **Ausrichtung:** Links- oder rechtsbündig, zentriert, Blocksatz.
- **Folienlayout:** Wahlmöglichkeit aus 24 vorgegebenen Folien.
- **Folienfarbskala:** Auswahl aus verschiedenen Farbkombinationen.
- **Hintergrund:** Farbwahlmöglichkeiten für Folienhintergrund.
- **Farben und Linien:** Farbgestaltungsmöglichkeiten für Linien.

Die Präsentation

Auch Zeichnen ist möglich.

☞ **Zeichnen** (siehe Symbolleiste unten links):

- **Reihenfolge:** Legt fest, welches von mehreren Objekten in den Vordergrund gerückt wird.
- **Am Raster ausrichten:** Nach oben, unten, links, rechts.
- **Drehen und kippen:** Links, rechts, horizontal, vertikal (siehe auch freies Drehen).

☞ *freies Drehen:* (siehe Symbolleisten unten links neben „Zeichnen") Am markierten Objekt erscheinen grüne Punkte. An diesen Punkten kann das Objekt in alle Richtungen gedreht werden.

☞ **Autoformen** (siehe Symbolleiste unten links neben „freies Drehen"): Um eine Autoform zu verwenden, muss man das gewünschte Symbol anklicken – es erscheint ein Kreuzchen. Mit diesem Kreuzchen auf den gewünschten Platz in der Folie gehen und dann wieder die linke Maustaste anklicken.

Linien   **Verbindung**   **Standardformen**

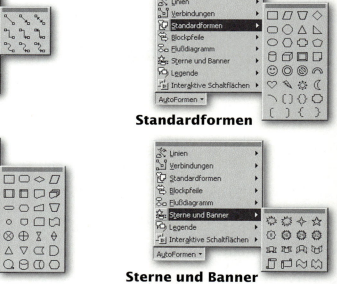

Blockpfeile   **Flussdiagramm**   **Sterne und Banner**

Legende

Interaktive Schaltflächen

60

2 Medien

       1 2 3 4 5

Linien, Pfeile, Rechtecke, Ellipsen und Textfelder werden genauso wie die Autoformen erstellt.

☞ **WordArt:** Man kann verschiedene Schreibmöglichkeiten auswählen. Der danach eingegebene Text wird dann in dieser Art gestaltet. Word-Art bietet noch weitere Möglichkeiten, den Text zu gestalten (zB Buchstabenabstand, vertikales Schriftbild usw.).

Folgende weitere Symbole sind in der unteren Symbolleiste angeordnet:

1. **Linien:** ermöglicht das Zeichnen von Linien.
2. **Pfeile:** ermöglicht das Zeichnen von Pfeilen.
3. **Rechteck:** ermöglicht das Zeichnen von Rechtecken.
4. **Ellipse:** ermöglicht das Zeichnen von Ellipsen.
5. **Textfeld:** ermöglicht die Eingabe von Textfeldern.

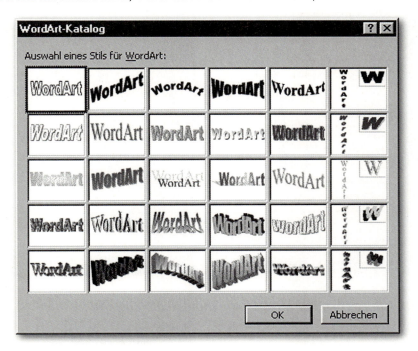

Farbe bringt Freude ins Leben!

☞ **Füllfarbe und Fülleffekte** zur farblichen Gestaltung des Hintergrundes.

☞ **Linienfarbe** zur farblichen Gestaltung von Linien.

☞ **Schriftfarbe** zur Auswahl der gewünschten Schriftfarbe.

Restliche Symbole, die in der unteren Symbolleiste angeordnet sind:

1. **Linienart:** ermöglicht das Zeichnen von Linien.
2. **Strichart:** ermöglicht das Zeichnen von Pfeilen.
3. **Pfeilart:** ermöglicht die Gestaltung diverser Linien, Striche und Pfeile.
4. **Schattendarstellungen:** ermöglicht es, Schatten in verschiedenen Richtungen zu erstellen.
5. **3-D-Objekte:** Man kann verschiedene dreidimensionale Varianten auswählen. Über das Fenster 3-D-Einstellungen können noch genauere Einstellungen (zB Beleuchtung) vorgenommen werden.

       1 2 3 4 5

Die Präsentation

Cliparts verschönern jede Folie.

2.4.3.3 Cliparts einfügen (siehe Symbolleiste oben)

Durch Anklicken werden die Cliparts geöffnet. Sie können entweder auf eine Folie, auf der schon ein Clipart vorgesehen ist, oder auf jede andere Folie übertragen werden.

Das gewünschte Motiv ist anzuklicken und dann einzufügen. Das Clipart kann auf der Folie verschoben, vergrößert oder verkleinert werden.

Es ist doch kinderleicht ...

2.4.3.4 Microsoft-Tabelle, Microsoft-Excell-Tabelle oder Diagramm einfügen

Nächste Folie auswählen.

2.4.3.5 Neue Folie auswählen (siehe Menüleiste oben)

Ist die Folie fertig gestellt, kann eine neue Folie ausgewählt werden.

Einfügen: Neue Folie

62

2.4.4 Darstellungsformen der Folien

Die bearbeiteten Folien können in verschiedener Form auf dem Bildschirm dargestellt werden.

Verschiedene Darstellungsformen der Folien auf dem Bildschirm.

Unter dem Menüpunkt „Ansicht" findet man:

☞ **Folienansicht:** Es wird jede Folie einzeln angezeigt. Der Befehl „Option anpassen" lässt die Folie in maximaler Größe komplett auf dem Bildschirm erscheinen.

☞ **Gliederungsansicht:** Titel und Texte werden in eine vertikale Gliederung übernommen.

☞ **Foliensortierung:** Sie gibt einen Gesamtüberblick über alle Folien. Die Folien können durch Anklicken und Halten der linken Maustaste untereinander verschoben werden.

☞ **Folien blättern:** Mit den beiden Doppelpfeilen auf der rechten Bildschirmseite können die Folien vor- oder zurückgeblättert werden.

   ▲ vorhergehende Folie
   ▼ nächste Folie

2.4.5 Bildschirmpräsentation

Die Ausgabe der Präsentation über den Bildschirm kann entweder von Hand gesteuert werden oder es kann ein automatischer Wechsel erfolgen. Die Bildschirmpräsentation wird in folgender Weise gestartet:

Bildschirmpräsentation.

☞ **Bildschirmpräsentation** (siehe Menüleiste oben): **Präsentation vorführen**
Bei einem Vortrag sollte die Steuerung händisch erfolgen. Durch Klicken auf die Maustaste erscheint die nächste Folie. Für das Erscheinen der Folie gibt es verschiedene Gestaltungsmöglichkeiten. Sie können über folgende Fenster festgelegt werden.

☞ **Bildschirmpräsentation: Voreingestellte Animation** (zB Rennfahrer-, Flug-, Lasereffekt usw.)
Vor der Auswahl muss der Text, auf den sich die gewählte Animation beziehen soll, markiert werden.

Erfolgt die Steuerung durch einen automatischen Wechsel, so müssen die Einblendzeiten für die einzelnen Folien festgelegt werden. Die festgelegte Zeit wird in der Foliensortieransicht bei jeder Folie angezeigt. Folgendes Fenster ist aufzurufen:

☞ **Bildschirmpräsentation:** *Neue Einblendzeiten festlegen*

Die Präsentation

💡 *Bei Computerpräsentationen ist es empfehlenswert, die Folien vor dem Vortrag auszudrucken. Sollte es nämlich zu einer technischen Panne kommen, besteht dann wenigstens die Möglichkeit, eine Overheadpräsentation durchzuführen.*

2.4.6 Präsentation ausdrucken

Man kann entweder die Folien einzeln oder als Handzettel mit bis zu sechs Folien je Seite ausdrucken. Der gewünschte Ausdruck ist im Druckmenü anzuklicken.

☞ **Drucken: Folien**
   Folien
   Handzettel (2 Folien je Seite)
   Handzettel (3 Folien je Seite)
   Handzettel (6 Folien je Seite)
   Notizansicht
   Gliederungsansicht

2.4.7 Musterbeispiel einer Präsentation

Die nebenstehende Präsentation ist folgenden Schritten entsprechend zu erstellen.

Aufgaben

Folie 1
- Text eingeben.
- Hintergrund- und Schriftfarbe ändern.
- Autoformen eingeben und einfärben.

Folie 2
- Text eingeben.
- Schriftart verändern.
- Hintergrund- und Schriftfarbe ändern.
- Aufzählungszeichen ändern.
- Autoformen eingeben, einfärben und beschriften.

Folie 3 und 4
- Text eingeben.
- Hintergrund- und Schriftfarbe ändern.
- Autoformen eingeben, einfärben und beschriften.
- Clipart einfügen.

Folie 5
- Unter Verwendung von Autoformen und Cliparts individuell gestalten

Manuelle Präsentation
- Voreinstellungen der Präsentation eingeben, wobei mindestens sechs voreingestellte Amimationen verwendet werden sollen.
- Manuelle Vorführung der Präsentation.

Automatische Präsentation
- Festlegen der neuen Einblendzeiten.
- Ablauf der automatischen Präsentation.

Präsentation darstellen
- In der Foliensortieransicht.
- Verschieben von Folien in der Foliensortierung.
- In der Gliederungsansicht.

Präsentation drucken
- Handzettel (sechs Folien je Seite).

✏️ *Erstellen Sie eine PowerPoint-Präsentation aus fünf Folien, in der Sie Ihre Schulstadt unter Verwendung von Cliparts und Farben vorstellen!*

3 Einstieg

In welcher Form der Einstieg in das Thema erfolgt, hängt völlig von der Person des Präsentators ab. Ein Einstieg, der bei Herrn Mayer wunderbar wirkt, kann bei Frau Huber ein furchtbarer Flop werden. Daher den Einstieg immer auf die eigene Persönlichkeit abstimmen und nicht irgendwelche Vorbilder kopieren.

Empfehlenswerte Einstiege
☺ Begrüßung.
☺ Persönliche Vorstellung.
☺ Kurzgeschichte.
☺ Aktuelle Meldung aus den Medien.
☺ Einleitung zum Thema.

Wenn nicht mit der persönlichen Vorstellung begonnen wird, sollte man sich nach dem Einstieg vorstellen. Danach geht man die Präsentation Schritt für Schritt durch, um einen Überblick über das Thema zu geben. Der Überblick sollte auf einem Plakat während der gesamten Präsentation als ein roter Faden für das Publikum zu sehen sein.

Nicht zu empfehlende Einstiege
☹ Humor: Humor ist positiv, soll aber besser nicht am Anfang stehen, denn ein gewaltsamer Witz kann ins Auge gehen.
☹ Plumpe Schmeicheleien.
☹ Negativmeldungen.
☹ Schockmeldungen, Katastrophen.
☹ Entschuldigungen.

Wichtige Grundsätze des Einstieges
- Geduld haben, nicht zu früh zu sprechen beginnen.
- Nicht mit dem Einstieg beginnen, bevor es ruhig ist.
- Sich schwungvoll, aber nicht hektisch zum Vortragstisch bewegen.
- Schweigend Ordnung schaffen.
- Freundlicher Blickkontakt.
- Kontakt aufbauen.
- Neugierig machen.
- Orientierung geben.
- Nach dem Einstieg muss man die Aufmerksamkeit der Zuhörer besitzen.
- Die ersten 30 Sekunden sind für das erste Urteil durch das Publikum entscheidend.
- Eine positive Grundeinstellung zu den Zuhörern und zum Thema sollte vorliegen.

In dir muss brennen, was du in anderen entzünden willst.
Augustinus

Die ersten Sekunden entscheiden!

Überlegen Sie sich einen Einstieg zum Thema „Sport und Drogen" und notieren Sie ihn!

Die Präsentation

> *Humor ist der Knopf, der verhindert, dass uns der Kragen platzt.*
> J. Ringelnatz

> *Sei verständlich! Grundregel: Versteht man in einem Satz nur ein Wort nicht, versteht man meist den ganzen Satz nicht.*

4 Vortrag

4.1 Verständlichkeit

Die Verständlichkeit eines Vortrages (einer Information) teilt sich in **4 Dimensionen** (nach dem Hamburger Verständlichkeitsmodell von Langer / Schulz von Thun / Tausch 1981[1]):

1 Einfachheit (Gegenteil: Kompliziertheit)
2 Gliederung und Ordnung (Gegenteil: Unübersichtlichkeit)
3 Kürze und Prägnanz (Gegenteil: Weitschweifigkeit)
4 Zusätzliche Stimulanz (Gegenteil: keine zusätzliche Stimulanz)

zu 1: Einfachheit
Es werden kurze Sätze und bekannte Wörter verwendet. Kommen Fachausdrücke und Fremdwörter vor, werden sie sofort erklärt. Die Inhalte werden anschaulich (bildhaft, Ansprechen der rechten Gehirnhälfte) erklärt. Die Hauptaufgabe des Präsentators liegt darin, für den Zuhörer verständlich zu sein.

zu 2: Gliederung und Ordnung
Das Thema wird übersichtlich dargestellt. Zu Beginn wird die Struktur für die gesamte Präsentation vorgestellt, damit die Zuhörer wissen, was auf sie zukommt.
Die Präsentation wird logisch aufgebaut. Es wird der Reihe nach vorgegangen, auf Querverbindungen wird deutlich verwiesen. Anschließend wird wieder eindeutig zum Hauptteil zurückgekehrt.

zu 3: Kürze und Prägnanz
Mit wenigen Worten wird versucht viele Informationen weiterzugeben. Kurz und bündig soll das Thema dargestellt werden. Trotzdem soll die Präsentation nicht zu gedrängt wirken. Der Präsentator soll nicht vom Hundertsten ins Tausendste kommen. Je weitschweifiger die Erklärungen sind, desto größer ist die Gefahr, dass die Zuhörer mit ihren Gedanken abschweifen.

zu 4: Zusätzliche Stimulanz
„Ist wie das Salz in der Suppe, man merkt es erst, wenn es fehlt oder zu viel (versalzen) ist!" Die wichtigsten Sachverhalte können mit Beispielen aus dem eigenen Leben bzw. der Lebensumwelt der Zuhörer erklärt werden. Humor und sprachliche Bilder, die Analogien zu Grunderfahrungen aufweisen (zB Ausdrücke aus dem Sport) werden verwendet.

4.2 Verknüpfen – Wiederholen – Ankern

Neue Sachverhalte bleiben besser in den Köpfen der Zuhörer, wenn sie an Altbekanntem anknüpfen können. Dies können Analogien, Praxisbeispiele, Fallbeispiele, alte Bekannte, Geschichten oder Metaphern sein.

Metapher = *bildlicher Vergleich.*

Eine weitere Möglichkeit besteht darin, Vorgeschichten zu aktivieren, indem man zB an einem Pausengespräch anknüpft.

Wenn es möglich ist, sollen die Zuhörer direkt und persönlich angesprochen werden. Der Mensch hört nichts lieber als seinen eigenen Namen. Die Anrede „Frau Müller, bitte" klingt ganz anders als „die Dame im blauen Pullover in der ersten Reihe". Aus diesem Grund sollten für die Zuhörer Namenskärtchen vorgesehen werden.

[1] F. Schulz von Thun, Miteinander reden, Reinbeck 1981

Wichtig ist, dass der Zuhörer weiß, bei welchem Punkt der Präsentation er sich gerade befindet. Daher wird nach Teilbereichen immer zusammengefasst und auf die Struktur verwiesen („Wir befinden uns jetzt an dem Punkt … der Präsentation …"). Am Ende von Unterpunkten wird immer wiederholt, um zu verhindern, dass wichtige Aussagen verloren gehen.

Von besonderer Bedeutung ist die visuelle Unterstützung. Außerdem sollen die wichtigsten Argumente während der gesamten Präsentation sichtbar sein (zB Plakat mit Themenübersicht).

4.3 Selbstironie

Fehler sind kein Problem. Nur wer nichts macht, macht keine Fehler. Mit einem Lächeln und etwas Selbstironie kommt man leicht darüber hinweg und wird für den weiteren Vortrag positiv motiviert.

„Lächle immer als Erster über dich selbst – bevor es andere tun."

5 Schluss

Für den Schluss einer Präsentation gilt Ähnliches wie für die Einleitung. Es bleiben nur wenige Minuten, die wirkungsvoll zu nutzen sind.

Die letzten Minuten einer Präsentation sollen bei den Zuhörern einen bleibenden Eindruck hinterlassen.

Der Präsentator fasst noch einmal die wichtigsten Argumente seines Vortrages zusammen und versucht sie endgültig in den Köpfen der Zuhörer zu verankern. Dies funktioniert nur dann, wenn der Präsentator seine letzten Sätze bewusst wirken lässt und es schafft, Bilder im Kopf der Zuhörer zu erzeugen.

Einem guten Schluss soll es gelingen, wieder zu den Gedanken, Bildern usw. zurückzukommen, die bei der Einleitung verwendet wurden.

Der Schluss soll auch Wegweiser für die Dinge sein, die nach der Präsentation geschehen sollen.

Möglichkeiten des Schlusses
- Zusammenfassung und Abrundung.
- Anliegen oder Appell.
- Weiterführende Tipps.
- Statementrunde.
- Überleitung zur Diskussion.

Wenn du ein Schiff bauen willst, dann rufe nicht die Menschen zusammen, um Holz zu sammeln, Aufgaben zu verteilen und die Arbeit einzuteilen, sondern lehre sie die Sehnsucht nach dem großen, weiten Meer.
Antoine de Saint-Exupéry

*Der Schluss.
Die letzte Chance.
Nütze sie!*

Arbeitsaufgaben

1. Welche Kriterien sind für eine gute Präsentation zu überlegen?
2. Welche Fragen sind bei der Zuhöreranalyse zu stellen?
3. Wie soll ein Vortrag gegliedert sein?
4. Erklären Sie die Abhängigkeit der Lernleistung von der Vortragsdauer!
5. Erklären Sie das KEPA-Prinzip und geben Sie dazu einige Ratschläge!
6. Worauf sollte bei der Foliengestaltung geachtet werden?
7. Nennen Sie die Kriterien, die bei der Gestaltung von Flipcharts (Plakaten) beachtet werden sollen!
8. Erklären Sie den Begriff Mindmap und die wichtigsten Grundregeln bei der Erstellung!
9. Begründen Sie die Vorteile von Mindmaps gegenüber punktuellen Aufgliederungen!
10. Gestalten Sie ein Mindmap zB für
    - den organisatorischen Ablauf eines Projektes,
    - eine Themenzusammenstellung,
    - die Wiederholung des Lehrstoffes,
    - die persönliche Planung einer Schulwoche oder
    - die Inhalte eines Referates.
11. Nehmen Sie zum Einsatz des Computers als Präsentationsmittel Stellung!

5 Schluss

12. Gestalten Sie zu einem Thema Ihrer Wahl eine Overheadfolie. Versuchen Sie den Inhalt auf ein Flipchart, ein Mindmap und den Computer umzulegen!

13. Wählen Sie ein Thema und gestalten Sie einen Kurzvortrag (max. 5 Minuten) mit unterschiedlichen Medieneinsätzen!

    Hinweis: Beachten Sie dabei den Umgang mit Lampenfieber. Beurteilen Sie in der Klasse die unterschiedlichen Medieneinsätze und den Kurzvortrag.

14. Bereiten Sie mit einigen Kollegen dasselbe Thema vor und präsentieren Sie es mit unterschiedlichen Medien!

15. Nennen Sie wichtige Grundsätze für den Einstieg in einen Vortrag!

16. Nennen Sie Einstiegsmöglichkeiten, die nicht empfehlenswert sind!

17. Erklären Sie die vier Hauptkriterien für die Verständlichkeit eines Vortrages!

18. Diskutieren Sie die Bedeutung des Schlusses bei einer Präsentation und nennen Sie einige Möglichkeiten für die Gestaltung des Schlusses!

19. Praktische Übungen:

    a) Ihr Lehrer hat Kärtchen mit Hauptwörtern, Zeitwörtern und Eigenschaftswörtern vorbereitet. Ziehen Sie aus diesen Kärtchen nach Belieben drei bis fünf Wörter. Formulieren Sie daraus nach einer kurzen Überlegungsphase eine Kurzgeschichte, die die gezogenen Wörter enthält. Durch diese Übung wird das spontane und freie Reden gefördert, wobei auf das Wesentliche des Präsentierens geachtet werden soll.

    b) Verschiedene Themen, Zeitungsausschnitte, Bilder stehen zur Auswahl. Wählen Sie ein Bild bzw. Thema und bereiten Sie einen Vortrag mit geeignetem Medieneinsatz vor (max. 8 Minuten Redezeit)!

    Themenvorschläge:
    - Vorstellungsgespräch
    - Rede vor Abschlussklasse (zB Maturafeier)
    - Rede für Balleröffnung
    - Einleitung für Projektpräsentation usw.

Bei all diesen Übungen ist der persönliche Umgang mit Lampenfieber einzuplanen.

Die Präsentation

Das Wichtigste in Kürze.

> **Zusammenfassung**
>
> - 90 % der Arbeitszeit, die für eine Präsentation aufgewendet werden muss, werden für eine seriöse und solide Vorbereitung gebraucht. Nur Übung macht den Meister.
>
> - Im Mittelpunkt des Interesses stehen die Zuhörer. Die Präsentation muss die persönlichen Erwartungshaltungen des Publikums ansprechen.
>
> - Mit dem Einstieg sollen Sie die Zuhörer neugierig machen, einen Überblick geben und schließlich die Aufmerksamkeit der Zuhörer fesseln.
>
> - Der Vortrag soll so kurz wie möglich, gut gegliedert, verständlich, dh so einfach wie möglich, und mit zusätzlicher Würze versehen sein. Seien Sie sich bewusst, dass die Zuhörer viele Dinge nicht wissen, die für Sie selbstverständlich sind. Setzen Sie Wiederholungen, Pausen und aktive Arbeitsphasen ein. Sprechen Sie, wenn es möglich ist, Ihr Publikum persönlich an.
>
> - Die Medien sind nur dazu da, Sie zu unterstützen. Die Medien stehen niemals im Mittelpunkt. Sie sind gezielt unter dem Motto „Weniger ist mehr" einzusetzen.
>
> - Nehmen Sie sich selbst und Ihre Präsentation nicht tierisch ernst. Versuchen Sie, über den Dingen zu stehen. Humor hilft, Ihre Probleme zu lösen. Ein Lächeln siegt.

Freuen Sie sich auf Ihre Präsentation und haben Sie Spaß daran!

Die „gehirngerechte" Präsentation

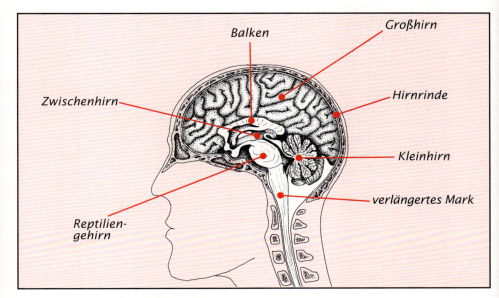

Die Reiche der Zukunft sind die Reiche des Geistes.
Winston Churchill

Grundlegende Überlegungen zum Thema:

„Das Gehirn ist unser größter Schatz. Es ist weit unterfordert, seine Möglichkeiten sind fast unbegrenzt."

„In den letzten zehn Jahren wurde das Gehirn sehr eingehend untersucht, trotzdem ist es ein noch weitgehend unbekanntes Wesen."

„Um erfolgreich zu sein, muss eine Präsentation das gesamte Gehirn ansprechen."

 Unsere Ziele

Nach Bearbeitung dieses Kapitels sollten Sie

- den Aufbau des menschlichen Gehirns beschreiben können,
- die Funktionen von rechter und linker Gehirnhälfte und ihre Bedeutung für eine Präsentation erklären können,
- die verschiedenen Repräsentanzsysteme unterscheiden können.

Die „gehirngerechte" Präsentation

1 Menschliches Gehirn

*Wir sind, was wir denken.
Alles, was wir sind, entsteht in Gedanken.
Wir erzeugen die Welt mit unseren Gedanken.*
Buddha

Das menschliche Gehirn wiegt ca. 1450 Gramm und besteht aus einer fast flüssigen Gallertmasse. In der Zeit von 1860 bis 1990 hat das durchschnittliche Gewicht des menschlichen Gehirns um ca. 50 Gramm zugenommen.

Das Gehirn selbst kommt eigentlich nie zur Ruhe, da der Stoffwechselumsatz bei Tag und Nacht fast gleich groß ist.

Bis vor einigen Jahren war man der Ansicht, das Gehirn befinde sich bei allen Entspannungszuständen im Ruhestand. Mittlerweile haben Messungen gezeigt, dass Entspannungstechniken zu einer Zunahme des Bluts im Gehirn führen. Das bedeutet, dass tatsächlich eine Aktivitätssteigerung stattfindet. Eine solche Aktivitätssteigerung kann auch im Schlaf, und zwar während der Traumphase, stattfinden.

Glucose = Traubenzucker

Das Gehirn ist das einzige Organ, das sich aus einer einzigen Nahrungsquelle, nämlich Glucose, ernährt. Ebenso geht kein anderes Organ bei mangelnder Blutversorgung so schnell zugrunde wie das Gehirn.

Das Gehirn enthält ca. 10 Milliarden Nervenzellen, die auf hoch komplizierte Weise miteinander vernetzt sind.

Wussten Sie, dass, obwohl das Gehirn nur 1 bis 2 % des Körpergewichtes ausmacht, es etwa 20 % des aufgenommenen Sauerstoffs verbraucht?

Entgegen bisherigen Annahmen können diese Gehirnzellen auch beim Erwachsenen wachsen und sich entwickeln. Es erhöht sich jedoch nicht die Menge der Gehirnzellen, sondern ihre Struktur. Die Zellkörper benutzter Zellen werden dicker (so, wie trainierte Muskeln stärker werden). Außerdem werden mehr Verästelungen an den Gehirnzellen gebildet, wodurch mehr Verbindungen zwischen den Gehirnzellen entstehen und mehr Informationen verarbeitet werden können. Das bedeutet, dass nicht wie bisher angenommen das biologische Alter, sondern die persönliche Aktivität für die Gehirnleistung entscheidend ist.

Das Gehirn ist das Zentrum unseres Körpers, das alle Gedanken und Bewegungen steuert. Es gibt über Nervenfasern Anweisungen an die Muskeln weiter und steuert alle automatisch ablaufenden Funktionen wie Atmung, Herzschlag usw. Es empfängt und verarbeitet die Informationen der verschiedenen Sinnesorgane. Es befähigt uns, logisch zu denken, zu kommunizieren und komplexe Dinge zu erlernen. Außerdem sind im Gehirn auch die menschlichen Gefühle wie Liebe, Anteilnahme, Schmerz und Freude angesiedelt.

In den letzten Jahren wurden sehr viele neue Erkenntnisse über unser Gehirn gewonnen, sodass die neunziger Jahre als das Jahrzehnt des Gehirns angesehen werden. Trotzdem ist nur ein ganz kleiner Teil der Funktionsweise unseres Gehirns erforscht.

*Das Gehirn,
die unbekannte Größe!*

All das erleiden wir vom Gehirn her
Die Menschen sollten wissen, dass aus keiner anderen Quelle Lust und Freude und Lachen und Schmerzen kommen als daher, woher auch Trauer und Leid, Verlust und Weinen stammen. Und damit vor allem denken und überlegen wir, sehen und hören und unterscheiden wir das Hässliche und Schöne, das Schlechte und Gute, das Angenehme und das Nichtangenehme ... Gerade durch ebendieses Organ verfallen wir auch in Raserei und Wahnsinn und es treten Angst und Schrecken an uns heran, sowohl des Nachts als auch am Tage, dazu Schlaflosigkeit, Irrtümer, unpassende Sorgen, Verkennung der tatsächlichen Lage und Vergessen. All das erleiden wir vom Gehirn aus.

*Die 90er Jahre.
Das Jahrzehnt des Gehirns.*

(Grensemann)
P. Ditko/N. Engelen, In Bildern reden, Düsseldorf 1996

2 Gehirnaufbau

Schon 1976 sprach der Neurophysiologe Paul MacLean vom dreieinigen Gehirn. Das Gehirn besteht eigentlich aus drei Gehirnen, die zwar ineinander verschachtelt sind, sich aber in chemischer und struktureller Hinsicht voneinander unterscheiden.

Diese drei Teile des Gehirns sind:
- Reptiliengehirn (Stammhirn)
- Zwischenhirn (limbisches System, Säugetierhirn)
- Großhirn (Neocortex)

Auch aus Steinen, die dir in den Weg gelegt werden, kannst du etwas Schönes bauen.
Erich Kästner

Das dreieinige Gehirn

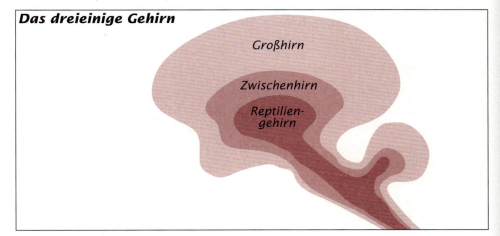

Das dreieinige Gehirn.

2.1 Reptiliengehirn (Stammhirn)

Dies ist der erste und älteste Gehirnteil. Es handelt sich um das verlängerte Rückenmark und ist ca. 500 Millionen Jahre alt. Der Name kommt daher, dass es in seiner Form einem Krokodil ähnelt. Das Reptiliengehirn enthält alle Programme zur **Selbst- und Arterhaltung** wie Stoffwechsel, Blutkreislauf, Atmung, Herzschlag, Nahrungssuche, Fortpflanzung usw. Ebenso steuert das Reptiliengehirn alle **automatisierten Abläufe** wie Radfahren, Autofahren oder Skilaufen. Die Programme des Reptiliengehirns sind angeboren und nicht willkürlich veränderbar.

Das Reptiliengehirn kann sich daher veränderten Situationen nicht anpassen. Die Auswirkungen des Reptiliengehirns auf eine **Präsentation** wurden bereits im Kapitel Lampenfieber behandelt.

Das Krokodil in uns.

2.2 Zwischenhirn (limbisches System, Säugetierhirn)

Das Zwischenhirn ist ungefähr 100 Millionen Jahre alt und wölbt sich wie eine Kappe über das Reptiliengehirn. Wahrscheinlich entwickelte es sich, weil sich das Reptiliengehirn nicht schnell genug auf die veränderten Umweltbedingungen der Erde einstellen konnte.
Das Zwischenhirn markiert die Fortentwicklung vom Meeres- zum Landbewohner und kommt bei allen Säugetieren vor.

Das Zwischenhirn kann sich **gegenwärtigen Situationen** anpassen und auf die jeweiligen Anforderungen schnell reagieren. Es unterscheidet, ob eine Situation als positiv oder negativ anzusehen ist und als Gefahr einzuordnen ist. Es ist lernfähig und beherbergt auch unsere **Emotionen.**

Charakteristisch für das Säugetierhirn sind Angst, Flucht, Aggressionen, Liebe, Gefühle und die Lernfähigkeit.

Das Säugetier ist bereits lernfähig!

Das Zwischenhirn erleichtert uns die Orientierung in der Umwelt. Hierbei spielen Gefühle eine große Rolle, denn die eingehenden Informationen werden immer so gefärbt, dass daraus eine für das Überleben des Einzelnen oder der Gattung möglichst effiziente Reaktion erfolgt. Bei solchen Reaktionen wird das Großhirn oft nicht einbezogen. Dies wäre eine Erklärung dafür, dass Gefühl und Verstand so oft auseinander driften.

Bedeutung für die Präsentation hat das Zwischenhirn dadurch, dass auch die Gefühle angesprochen werden sollen. Die Aufnahme von Informationen erfolgt wesentlich einfacher, wenn sie in einer gefühlsmäßig angenehmen Atmosphäre erfolgt.
Ein typisches Beispiel dafür sind die berühmten ersten Sekunden, die bereits im Kapitel Einstieg behandelt wurden.

2.3 Großhirn (Neocortex)

Das Großhirn überdeckt mit seinen walnussartigen Hälften das Zwischenhirn. Es liegt direkt unter der Schädeldecke und ist der größte und entwicklungsgeschichtlich jüngste Teil des Gehirns.

Das Großhirn ist nur 1,5 bis 4,2 mm dick, verfügt aber über eine Fläche von ungefähr 1000 cm². Es enthält 70 % aller Nervenzellen, die alle miteinander verkabelt sind.

Im Großhirn befinden sich alle **höheren geistigen Funktionen** des Menschen. Es enthält die Sprache, die Logik und das gesamte Vorstellungsvermögen.
Das Großhirn ist für all das, was wir als **Denken** bezeichnen, zuständig. Es enthält das Bewusstsein und ist zukunftsorientiert. Das Großhirn kann sich auf noch nicht eingetretene Situationen einstellen, es kann planen, in Worten und Bildern denken, rational und intuitiv sein und es kann lernen.

Denken? Erst durch das Großhirn!

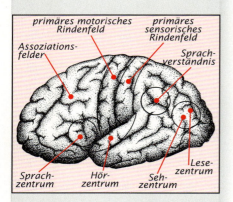

Die neueste Entwicklung des Großhirns besteht in der Ausbreitung des Frontallappens, der vor allem die sozialen Fähigkeiten des Menschen beherbergt. Das Großhirn besitzt im Frontallappen einen Zugang zu allen Bereichen des Gehirns. Hier werden sämtliche Verbindungen zwischen den einlaufenden Reizen (neuen Informationen) und bereits vorhandenen Daten (Erinnerungen) geknüpft. Hier entstehen auch die Verbindungen zwischen Gefühlen und Verstand.

2.4 Ganzheitliches Gehirn

Dieser Begriff bezieht sich auf das Zusammenspiel der drei Gehirne. Vor allem die Bedeutung des Reptiliengehirns und des Zwischenhirns für den Menschen sollte nicht unterschätzt werden.

Wichtig für die Präsentation – das ganze Gehirn ansprechen!

Auch bei einer Präsentation sollte ein kreativer Präsentator im Kontakt mit den Erfahrungen und der Sprache aller drei Gehirne sein.
- Er wird sein Bedürfnis nach Sicherheit befriedigen und das Lampenfieber im Zaum halten.
- Er wird Zugang zu seinen Gefühlen, Antrieben, Motivationen und zum abstrakten Denken und Handeln haben.
- Er wird die verbale Sprache und auch die nonverbalen Ausdrucksmöglichkeiten benutzen.

Noch mehr als beim Zusammenspiel zwischen den drei Gehirnen wird der Begriff der Ganzheitlichkeit für das optimale Zusammenspiel zwischen rechter und linker Gehirnhälfte verwendet. Darauf wird im nächsten Kapitel näher eingegangen.

3 Linke und rechte Gehirnhälfte

Das Großhirn besteht aus zwei Hälften, die durch eine Vielzahl von Nervenfasern miteinander verbunden sind. Die beiden Gehirnhälften verfügen über verschiedene, jedoch aufeinander abgestimmte Fähigkeiten, die miteinander kommunizieren können.

Die **linke Hälfte** des Gehirns steuert die rechte Körperhälfte und ist für die Sprache und das logische Denken zuständig. Informationen werden linear verarbeitet.

Die **rechte Gehirnhälfte** steuert die linke Körperseite und ist für die Gefühlswelt, den musischen, kreativen, phantasievollen und nonverbalen Bereich verantwortlich. Informationen werden simultan verarbeitet.

> Wir müssen lernen, entweder als Brüder miteinander zu leben oder als Narren unterzugehen.
> Martin Luther King

linear = nacheinander

simultan = gleichzeitig

linke Gehirnhälfte = logisches Denken
rechte Gehirnhälfte = kreatives Denken

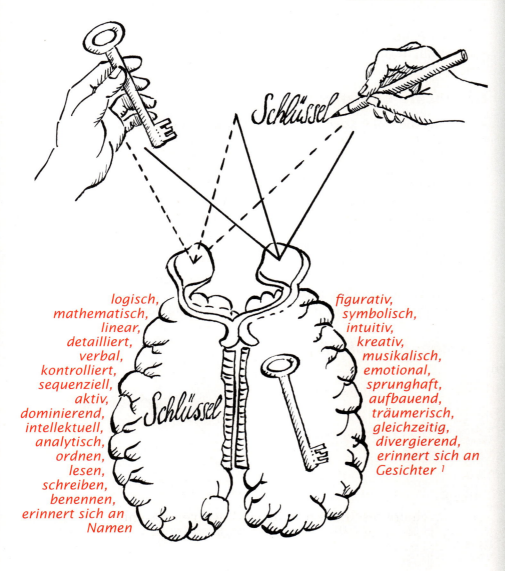

logisch, mathematisch, linear, detailliert, verbal, kontrolliert, sequenziell, aktiv, dominierend, intellektuell, analytisch, ordnen, lesen, schreiben, benennen, erinnert sich an Namen

figurativ, symbolisch, intuitiv, kreativ, musikalisch, emotional, sprunghaft, aufbauend, träumerisch, gleichzeitig, divergierend, erinnert sich an Gesichter [1]

---

[1] U. Göpfert, Ganzheitliche Lehr- und Lernmethoden, Seminarunterlage

3.1 Wirkungsweise der beiden Gehirnhälften

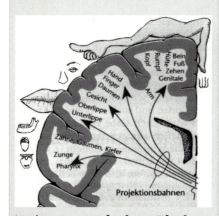

Motorische Rindenfelder steuern die Bewegungsabläufe des Menschen.

In den **sensorischen Rindenfeldern** der Großhirnrinde werden Sinnesreize bewusst.

Die linke Gehirnhälfte

- Steuert die rechte Körperhälfte, die rechte Hand und das rechte Sehfeld.
- Verarbeitet die Informationen nacheinander: Erstens ... , zweitens ..., drittens ...
- Ist Träger der verbalen Kommunikation. Für Sprechen, Lesen und Schreiben verantwortlich.
- Verwendet Wörter nach grammatikalischen Regeln.
- Speichert Zahlen, Fakten, Daten, Sprache usw.
- Merkt sich Namen und Details von Personen.
- Denkt begrifflich und ist für die zeitliche Dimension zuständig.
- Erfasst den Zusammenhang zwischen Ursache und Wirkung.
- Besitzt die Fähigkeit der Analyse, zergliedert die Informationen in überschaubare Teile und arbeitet die Unterschiede heraus.
- Ermöglicht das Verständnis von technischen Zusammenhängen.

Die rechte Gehirnhälfte

- Steuert die linke Körperhälfte, die linke Hand und das linke Sehfeld.
- Verarbeitet die Informationen gleichzeitig.
- Ist Träger der nonverbalen Kommunikation. Für Körpersprache, Fantasie und Visualisierung verantwortlich.
- Speichert Bilder, Analogien, Fantasie, Geschichten usw.
- Besitzt die Fähigkeit der Synthese, arbeitet Gemeinsamkeiten heraus und fügt sie zusammen, erfasst Ähnlichkeiten.
- Denkt ganzheitlich, verbindet die Informationen zu einem Ganzen.
- Erfasst die räumlichen Dimensionen und komplexe Bilder (zB das Gesicht einer Person).
- Ermöglicht die Kreativität (malen, dichten, komponieren).
- Ist für Emotionen verantwortlich.
- Ist zeitlos, da sie zeitliche Abläufe synchronisiert.

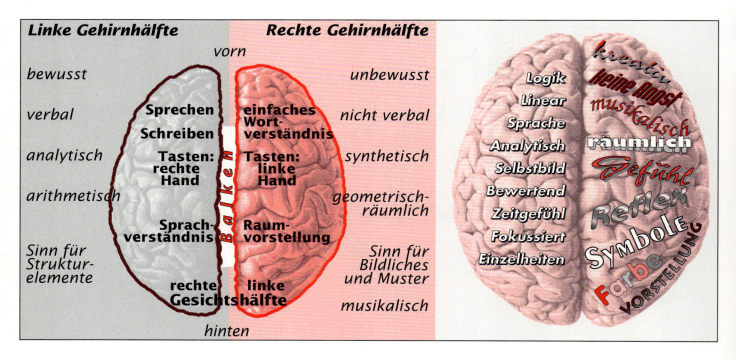

3.2 Linke und rechte Gehirntypen

Der Linkshirnige

- Er denkt in Worten, geht Schritt für Schritt (linear) vor und analysiert die Dinge.
- Er macht eins nach dem anderen, konzentriert sich und kommt vom großen Ganzen zum Detail. Läuft aber Gefahr, sich im Detail zu verlieren.
- Er erstellt Regeln, erkennt Gesetzmäßigkeiten und hält sich daran, dadurch ist seine Grundeinstellung eher konservativ.
- Er gibt den Dingen Namen und klebt ihnen Etiketten auf.
- Er ist äußerst korrekt und kann rechnen und wissenschaftlich vorgehen.
- Er kann sehr gut logisch denken.
- Er arbeitet exakt, voraussagbar, detailliert und konzentriert und beherrscht die Planung von Zeit.
- Kontrolle ist sein Schlüsselwort.
- Er lernt durch die Auseinandersetzung mit Fakten.
- Als Mitarbeiter will er klare Anweisungen haben und rationale Entscheidungen treffen.
- Als Manager gehen ihm Zahlen über alles, er will die Dinge im Griff haben und neigt zum autoritären Führungsstil.

Der Rechtshirnige

- Er denkt in Bildern und erstellt Analogien, fasst die Dinge zusammen und behält den Überblick.
- Er ist eher lässig und handelt spontan und intuitiv.
- Er denkt in Regelkreisen und Wechselwirkungen und akzeptiert das Sowohl-als-auch.
- Er ist Spezialist für Körpersprache und handelt nach Gefühl und Intuition.
- Regeln und Gesetzmäßigkeiten sind für ihn ohne Bedeutung.
- Er liebt das Risiko und experimentiert gerne.
- Er ist künstlerisch orientiert und hat Sinn für Ästhetik.
- Er lernt durch Tun und Beobachten.
- Als Mitarbeiter will er selbstständig arbeiten und kreativ sein dürfen.
- Als Manager sind ihm vor allem seine Mitarbeiter wichtig, mit denen er gute Kontakte sucht. Er versucht auf die verschiedenen Situationen einzugehen und verwendet einen flexiblen (situativen) Führungsstil.

Zusammenfassend lässt sich sagen:
Der **linkshirnige Typ,** der die Signale der rechten Gehirnhälfte überhört, löst seine Probleme logisch, analytisch und Schritt für Schritt, wobei er Zahlen und Fakten bevorzugt. Er ist entweder Wissenschaftler oder Jurist oder neigt zu Technik oder Finanzwesen.
Bei günstiger Entwicklung kann er ein Spezialist mit großem Wissen in seinem Fachgebiet werden. Bei ungünstiger Entwicklung wird er zum Oberbuchhalter, der den Wald vor lauter Bäumen nicht sieht.

Der **rechtshirnige Typ,** der die Signale der linken Gehirnhälfte überhört, löst seine Probleme intuitiv und mit Gefühl für Ganzheit. Er ist offen für neue Entwicklungen und hat Interesse an Musik, Kunst und Psychologie. Fast alle Künstler gehören dazu.
Bei günstiger Entwicklung kann er ein sehr kreativer Mensch mit einem umfassenden Wissen werden. Bei ungünstiger Entwicklung wird er zum „Hansdampf in allen Gassen", der es nirgendwo zu etwas bringt.

Die „gehirngerechte" Präsentation

Zusammenarbeit ist entscheidend.

3.3 Zusammenspiel der beiden Gehirnhälften

In der westlichen Industriegesellschaft wird etwa seit dem 17. Jahrhundert, hauptsächlich darauf trainiert, linkshirnig zu denken. Denn im 17. Jahrhundert gelang der methodischen Rationalität des Denkens der Durchbruch, wodurch es zu einer Überbewertung linkshirniger Fähigkeiten kam.

Auch im gegenwärtigen Erziehungssystem wird der rechten Gehirnhälfte nur sehr wenig Aufmerksamkeit gewidmet, während die linke ausgiebig trainiert wird.

In letzter Zeit wurde festgestellt, dass es nicht so wichtig ist, eine Gehirnhälfte bis zur Perfektion zu trainieren (wie dies in unseren Schulen mit unserer linken Gehirnhälfte passiert).
Entscheidend sind vielmehr ein funktionierender Austausch und ein Zusammenspiel beider Gehirnhälften, da es so möglich ist, das gesamte Gehirn einzusetzen. Damit werden Kapazitäten frei gesetzt, die bei einseitiger Konzentration auf eine Gehirnhälfte brachliegen.

Normalerweise gibt es zwischen den beiden Gehirnhälften eine Arbeitsteilung: „Betrachtet man zB einen Gegenstand, so verarbeitet die rechte Gehirnhälfte die visuellen Informationen wie Farbe, Struktur und Größe, während die linke Hälfte die gleichen Aspekte mit Begriffen und sprachlichen Konstruktionen belegt."
Bei neuen Informationen sucht immer zuerst die rechte Gehirnhälfte nach einem Bild und danach wird erst nach einem Wort gesucht, dh die linke Gehirnhälfte verwendet.
Dieser Zusammenhang soll durch das folgende Beispiel erläutert werden.

> **Die Zahl Fünf ist nicht fünfhaft**
> **Bilder** – sagt Bateson – sind **analoge Informationen.** Analoge Informationen haben die Eigenschaft, dass sie von sich aus verständlich sind. Zeigt man zB jemandem die fünf Finger seiner Hand, so wird jeder, gleichgültig aus welchem Sprachkreis er kommt, mit diesem Zeichen etwas anfangen können. Nennt man ihm dagegen die Zahl „Fünf", so wird er diese Mitteilung nur verstehen, wenn er der deutschen Sprache mächtig ist. Mit anderen Worten: **Digitale Informationen** kann nur der verstehen, der sie schon versteht. Sie erklären sich nicht von selbst, sondern bedürfen mindestens einer Zusatzinformation oder eines adäquaten Erfahrungsschatzes. Erst die analoge Information (in diesem Fall die Hand mit den fünf Fingern) veranschaulicht dem Betrachter, worum es geht – und zwar unabhängig davon, was der Adressat gelernt hat. Er könnte zB auch „cinque" oder „five" gelernt haben. Bateson drückt dies plastisch so aus: „Die Zahl Fünf ist ja nun nicht Fünf-artig, ebenso wenig, wie das Wort Haus uns an ein solches erinnert." [1]

[1] *P. Ditko/N. Engelen, In Bildern reden, Düsseldorf 1996*

3.4 Übungen für die rechte und die linke Gehirnhälfte

Ein besonderes Problem besteht darin, sich von der Dominanz der linken Gehirnhälfte zu lösen.
Das folgende **Experiment** soll dies erklären.

Notieren Sie bitte Ihre Startzeit.
Lernen Sie bitte den folgenden Satz auswendig:

*Ein Zweibein sitzt auf einem Dreibein
und isst ein Einbein. Da kommt ein
Vierbein und nimmt dem Zweibein das
Einbein weg. Da nimmt das Zweibein
das Dreibein und schlägt das Vierbein.* [1]

Lesen Sie den Satz so oft, bis Sie ihn auswendig können.
Wie lange haben Sie gebraucht, um den Satz zu erlernen? Mehr als drei Wiederholungen?
Wenn Sie mehr als drei Wiederholungen gebraucht haben, dann haben Sie versucht, die einzelnen Wörter in die linke Hirnhälfte einzuspeichern. Es wäre wahrscheinlich schneller gegangen, wenn Sie versucht hätten, sich selbst ein Bild zu machen.

Diese Bilderkette können Sie wie einen Zeichentrickfilm immer wieder ablaufen lassen.

Der Satz sieht als Bilderlösung folgendermaßen aus: Ein Mensch (Zweibein) sitzt auf einem dreibeinigen Hocker und isst eine Hühnerkeule (Einbein). Dann kommt ein Hund (Vierbein) und nimmt dem Menschen die Hühnerkeule weg. Da nimmt der Mensch den Hocker und schlägt auf den Hund ein.

Training der rechten Gehirnhälfte
- Nehmen Sie sich Zeit, um auf sich selbst und Ihre Bedürfnisse achten zu können.
- Machen Sie, wann immer es möglich ist, einen Spaziergang in der Natur.
- Schenken Sie Ihrer Umgebung mehr Aufmerksamkeit.
- Hören Sie in Ruhe Musik, besuchen Sie eine Kunstausstellung oder lesen Sie in Ruhe ein Buch.
- Versuchen Sie ruhig und gleichmäßig zu atmen.
- Lernen Sie Entspannungstechniken.
- Versuchen Sie, Sport zu betreiben.
- Setzen Sie Ihre Körpersprache öfters bewusst ein.
- Zelebrieren Sie den Feierabend – tun Sie sich einfach etwas Gutes (spazieren gehen, Sport betreiben, Sauna besuchen usw.).
- Denken Sie nicht, sondern handeln Sie!

---
[1] *Vera Birkenbihl, Stroh im Kopf, Speyer 1983*

Die „gehirngerechte" Präsentation

Welcher Gehirntyp bin ich?[1]

Der folgende Test hilft Ihnen, diese Frage zu beantworten.

Rechter oder linker Gehirntyp:

1.	Haben Sie Geduld und gehen Sie an eine Aufgabe von verschiedenen Gesichtspunkten heran, bis Sie schließlich eine Lösung erhalten?	Ja	Nein
2.	Können Sie etwas gut in eher groben Zügen planen und beschreiben?	Ja	Nein
3.	Bringen Sie gerne Ordnung in etwas und achten Sie auf die richtige Reihenfolge?	Ja	Nein
4.	Denken Sie im Allgemeinen sehr logisch und können Sie erkennen, warum sich andere Menschen auf eine bestimmte Art und Weise verhalten?	Ja	Nein
5.	Können Sie ein paar Worte in mehreren Fremdsprachen sprechen?	Ja	Nein
6.	Können Sie meistens die richtigen Worte finden, um Ihre Gefühle zu beschreiben?	Ja	Nein
7.	Fällt Ihnen Kategorisieren und das Ordnen von Unterlagen leicht?	Ja	Nein
8.	Sind Sie in Ihren Ansichten objektiv? Versuchen Sie erst, die Tatsachen zu erlernen, bevor Sie sich entscheiden?	Ja	Nein
9.	Lieben Sie Puzzles und Wortspiele?	Ja	Nein
10.	Finden Sie gerne den Sinn in einer Sache, die ohne Sinn erscheint? Können Sie die Gedanken eines Menschen für einen anderen interpretieren?	Ja	Nein
11.	Bevorzugen Sie Zahlen, Fakten in logischer Abfolge?	Ja	Nein
12.	Bevorzugen Sie einen geordneten und übersichtlichen Arbeitsplatz/Studierplatz?	Ja	Nein
13.	Haben Sie wenig Zeit?	Ja	Nein
14.	Interessieren Sie sich für Technik und technische Lösungen?	Ja	Nein
15.	Handeln Sie oft spontan und sind Sie manchmal voreilig in Ihren Schlussfolgerungen?	Ja	Nein
16.	Sind Sie ein Tagträumer, sind Ihre nächtlichen Träume wirklichkeitsnah und spannend?	Ja	Nein
17.	Sind Sie an Musik, Malerei, Tanz und künstlerischen Ausdrucksformen interessiert?	Ja	Nein
18.	Fehlt Ihnen das besonders gute Gefühl für Zeit?	Ja	Nein
19.	Bilden Sie sich öfter aufgrund Ihres Gefühls ein Urteil als aufgrund von Fakten?	Ja	Nein
20.	Haben Sie manchmal das Gefühl, etwas schon einmal gesehen oder erlebt zu haben – wie in einem anderen Leben?	Ja	Nein
21.	Haben Sie häufig gewisse Ahnungen und folgen Sie oft Ihrem Instinkt?	Ja	Nein
22.	Sind Sie ein visueller Typ? Können Sie sich Orte am besten über Farben und Formen einprägen?	Ja	Nein
23.	Weinen Sie leicht, sind Ihre Gefühle schnell verletzt?	Ja	Nein
24.	Sind Sie romantisch, sind Schönheit und Luxus für Sie wichtig?	Ja	Nein
25.	Denken Sie oft an Vergangenes?	Ja	Nein
26.	Lernen Sie leichter durch Tun und direktes Beobachten?	Ja	Nein
27.	Bezeichnen viele Ihren Arbeitsplatz/Studierplatz als chaotisch und ungeordnet?	Ja	Nein
28.	Interessieren Sie sich für Psychologie und ganzheitliche Heilweisen?	Ja	Nein

- Zählen Sie nun bitte zusammen, wie viele von den Fragen 1–14 Sie mit Ja beantwortet haben.
- Dann zählen Sie bitte zusammen, wie viele von den Fragen 15–28 Sie mit Ja beantwortet haben.
- Tragen Sie nun das Ergebnis in das folgende Schema ein, indem Sie an der jeweiligen Punktemarke einen senkrechten Strich ziehen.

---

[1] P. Ditko/N. Engelen, *In Bildern reden*, Düsseldorf 1996

Die ersten 14 Fragen beziehen sich auf den Gebrauch der linken Hirnhälfte. Die Fragen 15 bis 28 auf die rechte Gehirnhälfte. Ist eine Hirnhälfte stark dominant (zB acht Punkte links und drei Punkte rechts), so liegt eine Bevorzugung dieser Gehirnhälfte vor.

14 13 12 11 10 9 8 7 6 5 4 3 2 1 0 0 1 2 3 4 5 6 7 8 9 10 11 12 13 14

Fragen 1 bis 14   *Fragen 15 bis 28*

3.5 Auswirkungen auf die Präsentation

Für eine Präsentation bedeuten diese Erkenntnisse:

- Es soll nicht nur einseitig eine Gehirnhälfte (meist die linke) angesprochen werden.
- Die Präsentation soll für das ganze Gehirn verständlich sein.
- Aus diesem Grund nicht nur Wort und Schrift einsetzen, sondern so oft wie möglich die vernachlässigte rechte Gehirnhälfte ansprechen, indem man Bilder, Symbole, Musik usw. verwendet.
- Wo immer es möglich ist, analoge Informationen verwenden, da sie keinen Erklärungsbedarf haben.
- Die Präsentation soll so weit wie möglich visualisiert und durch Farben unterstützt werden.
- Der Gefühlswert der verschiedenen Wörter ist zu beachten.
- Schlüsselwörter und Kennwörter verwenden.
- Um das gesprochene Wort zu veranschaulichen soll man in Bildern sprechen. Alle großen Meister der Vergangenheit (zB Jesus, Buddha, Mohammed) sprachen in Gleichnissen. Dies bedeutet, sie malten Bilder mit Worten.
- Die Zuhörer haben unterschiedliche Repräsentanzsysteme, mit denen sie die Informationen aufnehmen. (Näheres dazu im nächsten Kapitel).
- Den Zuhörern soll die Information nur in kleiner Dosis verabreicht werden. Je weniger Informationen angeboten werden, desto größer ist die Wahrscheinlichkeit, dass die Zuhörer alle Informationen aufnehmen. (Drei wichtige Informationen sind wesentlich effizienter als zwölf neue Informationen.)

Dieser Sachverhalt soll durch das folgende **Beispiel** von Birkenbihl veranschaulicht werden:

> Je mehr Körnchen vorhanden sind, desto mehr wird das Huhn fressen. Mit anderen Worten: Heute findet das normale Huhn (der Mensch) weit mehr Informationen als noch vor 30 Jahren (Radio, TV usw.) vor. Also ist er einfach deshalb informierter als anno dazumal, weil mehr Körnchen vorhanden sind. Je weniger Körnchen vorhanden sind, desto größer ist die Wahrscheinlichkeit für jedes der wenigen Körnchen, dass es gefressen wird.
> Für die Praxis: Sagen Sie dem Kunden nicht gleich neun Vorteile Ihres Produktes, nennen Sie lieber drei, die ihn wirklich interessieren. Damit haben Sie eine hohe Wahrscheinlichkeit, dass er diese drei auch frisst! Geben Sie Ihren Mitarbeitern nicht gleich zwölf neue Informationen auf einmal, sondern unterteilen Sie die Besprechung lieber in mehrere Blöcke (getrennt durch Minipausen) und bieten Sie in jedem Zeitabschnitt nur einige wenige „Körnchen" an, wenn Sie wollen, dass man Ihre Informationen auch fressen wird!

Präsentation für das ganze Gehirn!

Diskutieren Sie die Auswirkungen des Zusammenspiels der beiden Gehirnhälften auf die Präsentation und entwerfen Sie das Konzept für eine Präsentation, durch die die beiden Gehirnhälften gleichermaßen angesprochen werden!

Weniger ist mehr – auch bei Informationen!

> *Versuche niemals, jemanden zu dem zu machen, was du bist. Du weißt es und Gott weiß es auch: Einer von deiner Sorte ist genug!*
> Arthur Lassen

4 Repräsentanzsystem

Jeder Mensch hat ein eigenes Wahrnehmungssystem, mit dem er die vorhandenen Informationen empfängt.

Grundsätzlich kann man zwischen
- visuellen,
- auditiven,
- kinästhetischen,
- olfaktorischen und
- gustatorischen Typen

unterscheiden.

Das folgende **Beispiel** soll den Unterschied der verschiedenen Wahrnehmungstypen veranschaulichen:

Die Menschen sind verschieden.

> Fünf Reisende treffen sich und tauschen ihre Erfahrungen über Neapel aus. Dabei stellen sie fest, dass alle im Hotel „Miracolo" gewohnt haben. Der erste Reisende äußert sich ganz begeistert von dem Hotel. Das Essen sei fantastisch gewesen und das Weinsortiment ausgezeichnet. Auch an den Zimmern habe er nichts auszusetzen.
> Der Zweite widerspricht ihm heftig. Er könne sich noch gut an das Hotel erinnern, es sei fürchterlich laut gewesen. Auch auf dem Zimmer habe er keine Ruhe gefunden und sei einfach nicht zum Schlafen gekommen. Das Ganze sei nichts als eine einzige Katastrophe.
> Der Dritte ist wieder ganz anderer Meinung. Er habe ausgezeichnet geschlafen und, verglichen mit den üblichen italienischen Zimmerchen, habe er sogar sehr viel Platz gehabt. Sogar das Bett sei äußerst bequem gewesen. Auch die übrige Einrichtung habe er als sehr angenehm und gemütlich in Erinnerung, so dass er sagen könne, er habe sich wohl gefühlt.
> Dem widerspricht nun der vierte Reisende. Er sei ziemlich unzufrieden mit dem Hotel gewesen und statt gemütlich müsse man es eher als schmuddelig bezeichnen – wo man auch hingesehen habe, es sei alles voller Staub und Schmutz gewesen. Außerdem sei es überall so dunkel, eng und unübersichtlich gewesen. Nein, ihm habe das „Miracolo" überhaupt nicht gefallen.
> Der Fünfte schließlich sagt gar nichts zum Hotel, sondern rümpft nur einmal kurz die Nase und fragt: Und den grässlichen Gestank? Habt ihr den gar nicht bemerkt? Das Hotel steht doch genau gegenüber vom Fischmarkt. Ich gehe da jedenfalls nicht mehr hin!

Was auf den ersten Blick so aussieht, als handle es sich entweder um verschiedene Hotels oder als seien die fünf Reisenden zu höchst unterschiedlichen Zeiten am selben Ort gewesen, erweist sich bei näherem Hinsehen lediglich als sehr unterschiedliche Auswahl derjenigen Dinge, die jeder Einzelne von ihnen bewusst wahrgenommen hat. Es handelt sich um eine **Differenz in den Repräsentanzsystemen:**

Die verschiedenen Wahrnehmungstypen.

- Für den ersten Reisenden war entscheidend, welche Informationen er über seinen Eingangskanal Geschmacks- und Geruchssinn erhielt: Essen und Trinken (gustatorischer Typ).
- Für den zweiten Reisenden war entscheidend, was er über seinen Eingangskanal Ohr erfuhr: Ruhe (auditiver Typ).
- Der dritte Reisende wollte sich hauptsächlich wohl fühlen: Ihm waren die Körpergefühle des Eingangskanals Fühl- und Tastsinn wichtig (kinästhetischer Typ).
- Der vierte Reisende stellt den Eingangskanal Auge in den Vordergrund (visueller Typ).
- Und dem fünften Reisenden hat der Fischmarkt gestunken, dh, für ihn war wiederum der Eingangskanal Geschmacks- und Geruchssinn entscheidend (olfaktorischer Typ).

4 Repräsentanzsystem

Jeder Mensch hat alle Wahrnehmungssysteme. Ihre Bedeutung für die Informationsaufnahme ist aber von Person zu Person verschieden. Die **häufigsten Repräsentanzsysteme** sind der **visuelle, der auditive und der kinästhetische Typ**. Bei der Präsentation kann immer nur auf diese drei Repräsentanzsysteme eingegangen werden.

Es sollen immer alle drei Repräsentanzsysteme angesprochen werden, da der Vortragende nicht weiß, welches das bevorzugte Wahrnehmungssystem der verschiedenen Zuhörer ist. Je mehr Wahrnehmungssysteme angesprochen werden, desto wahrscheinlicher ist es, dass die Information die Zuhörer auch tatsächlich erreicht.

Im Folgenden eine kurze Beschreibung der verschiedenen Typen. Diese beschriebenen Merkmale sind am besten unter Stress zu beobachten, da wir im Stress auf unsere primären Lernmuster zurückgreifen.

4.1 Visueller Typ

Typische Aussagen
- Ich sehe …
- Ich habe keine Vorstellung.
- Ich habe den Durchblick.
- Ich habe den Überblick.
- Es ist ersichtlich …
- Es ist offensichtlich.
- Es ist sonnenklar.

Jeder Wahrnehmungstyp spricht und verhält sich anders.

Weitere Kennzeichen
- Sie sprechen schnell bei sparsamen Bewegungen und verhalten sich sehr überlegt.
- Sie wünschen sich zuerst Erklärungen, dann eine Demonstration und werden erst sehr spät selbst tätig. Sie benötigen schriftliche Aufgabenstellungen.
- Damit sie sich Inhalte einprägen können, orientieren sie sich an bildhaften Darstellungen.
- Sie sind sehr schnell beim Erfassen und Verknüpfen von neuen Inhalten.

Auswirkungen auf die Präsentation
Diese Lerntypen sind sehr gut durch bildhafte Darstellungen, Schaffung von Bildern im Kopf und Mindmaps ansprechbar.

4.2 Auditiver Typ

Typische Aussagen
- Ich höre.
- Das klingt vernünftig.
- Ich habe mich gefragt …
- Ich verstehe Sie nicht.
- Man soll nicht alles hinausschreien.
- Das bringt mich aus dem Takt.
- Ich möchte Ihnen damit sagen …

Weitere Kennzeichen
- Sie bewegen beim Denken und beim Lesen die Lippen, führen gerne Selbstgespräche und nicken mit dem Kopf.
- Sie bewegen beim Sprechen den Kopf rhythmisch vor und zurück und unterstützen ihre Rede mit den Händen.
- Sie lieben Musik und lernen sehr leicht Sprachen. Um sich Inhalte einzuprägen, gehen sie Schritt für Schritt vor.

Auswirkungen auf die Präsentation

Diese Lerntypen sind durch Lernkonzerte, Musik, Lernkassetten, leises und lautes Sprechen und durch Vorlesungen ansprechbar.

4.3 Kinästhetischer Typ

Typische Aussagen
- Ich fühle ...
- Das funktioniert klaglos.
- Das begreife ich sofort.
- Wir werden Hand anlegen müssen.
- Das bekommen wir in den Griff.
- Ich bin hin- und hergerissen.
- Das geht mir unter die Haut.

Weitere Kennzeichen
- Sie brauchen keine langen Erklärungen. Ihr Motto ist „Erst handeln, dann darüber reden".
- Sie sprechen langsam mit viel Körpereinsatz und genießen körperliche Nähe (Körperkontakt, körperliche Zuwendung).
- Da sie sich viel bewegen, kleiden sie sich dementsprechend bequem.
- Ihr Lernprinzip lautet „Learning by doing".

Auswirkungen auf die Präsentation

Sie sind durch Gestik, Eingehen auf die Gefühle und durch die Möglichkeit, die Dinge durch Begreifen bzw. eigene Aktivitäten zu verstehen. Ganz wichtig ist für diese Typen, dass die Präsenation in einer angenehmen Atmosphäre stattfindet.

4.4 Olfaktorischer und gustatorischer Typ

Da diese beiden Typen sehr wenig Auswirkung auf die Präsentation haben, werden sie nur ganz kurz beschrieben.

Olfaktorische Aussagen
- Das stinkt ganz gewaltig.
- Das riecht nach einem Skandal.
- Er hat einen feinen Riecher für ...

Gustatorische Aussagen
- Es bleibt ein bitterer Nachgeschmack.
- Ich muss in den sauren Apfel beißen.
- Das ist nicht nach meinem Geschmack.

Entwerfen Sie eine Präsentation, in der ganz besonders versucht wird, auf die verschiedenen Wahrnehmungstypen einzugehen. Präsentieren Sie sie kurz vor der Klasse!

4.5 Welcher Wahrnehmungstyp sind Sie?

Welches ist mein vorherrschendes Repräsentanzsystem?

Barsch Learning-Style Inventory

1. Ich merke mir Themen leichter durch Hören als durch Lesen.
2. Ich kann geschriebenen Anweisungen besser folgen als gesprochenen.
3. Schriftliche Notizen sind für mich besser als Hörbeispiele.
4. Ich drücke beim Schreiben sehr fest auf.
5. Ich bevorzuge eine mündliche Erklärung von Diagrammen und Tabellen.
6. Ich arbeite gerne mit Werkzeugen.
7. Ich interpretiere gern Grafiken, Diagramme und Tabellen.
8. Ich kann gut erkennen, ob ein Geräusch einem anderen gleicht oder sich davon unterscheidet.
9. Ich merke mir etwas am besten, wenn ich es mehrmals aufschreibe.
10. Ich kann anhand von Land- und Straßenkarten leicht Wege erkennen und finden.
11. Ich kann theoretischen Fächern besser folgen, indem ich Vorträge oder Kassetten höre, als wenn ich Bücher lese.
12. Ich spiele gern mit Münzen oder einem Schlüssel in meiner Tasche.
13. Ich lerne rechtschreiben besser, indem ich mir die einzelnen Buchstaben laut vorsage, als wenn ich mir das Wort aufschreibe.
14. Ich verstehe Nachrichten besser, wenn ich sie in einem Zeitungsartikel lese als wenn ich sie in einem Radiobericht höre.
15. Ich kaue gerne Kaugummi oder esse gerne Snacks, während ich lerne.
16. Ich versuche mir Dinge durch Visualisieren zu merken.
17. Ich lerne die Rechtschreibung eines neuen Wortes, indem ich den Buchstaben mit dem Finger nachfahre.
18. Ich höre lieber einem guten Vortrag oder einer Rede zu, als diesen Inhalt selbst zu lesen.
19. Ich kann gut Puzzles lösen.
20. Ich wiederhole lieber etwas schriftlich, als dasselbe mit jemandem zu besprechen.
21. Ich verstehe Nachrichten besser, wenn ich sie im Radio höre, als wenn ich sie in der Zeitung lese.
22. Ich habe es gern, mir Informationen lesend anzueignen.
23. Ich berühre andere Menschen gern (zB Schulterklopfen usw.).
24. Ich kann mündlichen Anweisungen besser folgen als schriftlichen.

Barsch Learning-Style Inventory, Seminarunterlage

Bewerten Sie die Aussagen mit folgenden Punkten:

fast immer = 4 Punkte
gewöhnlich = 3 Punkte
manchmal = 2 Punkte
selten = 1 Punkt
fast nie = 0 Punkte

Auswertung

Visuell	Auditiv	Kinästhetisch
Nr.	Nr.	Nr.
2. ___	1. ___	4. ___
3. ___	5. ___	6. ___
7. ___	8. ___	9. ___
10. ___	11. ___	12. ___
14. ___	13. ___	15. ___
16. ___	18. ___	17. ___
20. ___	21. ___	19. ___
22. ___	24. ___	23. ___
Summe: ___	**Summe:** ___	**Summe:** ___

Setzen Sie in der nebenstehenden Tabelle Ihre Punkte ein und addieren Sie. Sie sind der Typ, bei dem Sie die meisten Punkte erreicht haben. Bei annähernd gleich vielen Punkten sind Sie ein Mischtyp.

Notizen zu den Arbeitsaufgaben

Arbeitsaufgaben

1. Nennen Sie die drei Gehirnteile und beschreiben Sie kurz ihre Funktionsweise!
2. Warum ist das Zusammenspiel der drei Gehirnteile von so großer Bedeutung?
3. Erklären Sie den Unterschied zwischen linkshirnigen und rechtshirnigen Typen!
4. Ordnen Sie die folgenden Begriffe durch Ankreuzen zu:

	Linke Gehirnhälfte	Rechte Gehirnhälfte
Mathematisch		
Musikalisch		
Rational		
Logisch		
Kreativ		
Emotional		
Träumerisch		
Analytisch		
Intellektuell		

5. Erklären Sie die Wirkungsweise der linken und die der rechten Gehirnhälfte!
6. Warum soll bei einer Präsentation besonders auch die rechte Gehirnhälfte angesprochen werden?
7. Nennen Sie die verschiedenen Wahrnehmungstypen und beschreiben Sie diese kurz!
8. Ordnen Sie die folgenden Begriffe durch Ankreuzen zu:

	Visuell	Auditiv	Kinästhetisch
Den Durchblick haben.			
Es geht mir unter die Haut.			
Ich verstehe es.			
Ich liebe Musik.			
Ich habe den Überblick.			
Erst handeln, dann denken.			

9. Welche Wirkung haben der Einsatz unterschiedlicher Medien, die Art des Vortrages (verbale und nonverbale Sprache) auf die verschiedenen Wahrnehmungstypen?

Zusammenfassung

- Das Gehirn ist die Schaltstelle unseres gesamten Lebens.
- Das Wissen über unser dreieiniges Gehirn (Reptilien-, Säugetier- und Großhirn) lässt uns viele Verhaltensweisen leichter verstehen.
- Das Großhirn ist für alle höheren geistigen Funktionen des Menschen verantwortlich.
- Die beiden Teile des Großhirns haben unterschiedliche Fähigkeiten, die sich gegenseitig ergänzen und zusammenarbeiten. Die linke Hälfte ist rational und logisch, die rechte Hälfte kreativ, emotional und fantasievoll.
- Bei der Präsentation soll nicht nur die linke Gehirnhälfte (wie es im Schul- und Universitätswesen üblich ist), sondern ganz besonders auch die rechte Gehirnhälfte angesprochen werden. Nur so ist es möglich, die Aufmerksamkeit des ganzen Gehirns zu erlangen.
- Zu wissen, dass alle Menschen die Ihnen dargebotenen Informationen anders wahrnehmen, ist für eine Präsentation entscheidend.
- Eine erfolgreiche Präsentation muss die verschiedenen Gehirnteile, die beiden Gehirnhälften und die unterschiedlichen Wahrnehmungssysteme berücksichtigen.

Das Wichtigste in Kürze.

Verwenden Sie das ganze Gehirn, dann geht vieles leichter.

Stichwortverzeichnis

A
Ablauf eines Projektes 13
auditiver Typ 83
Autoformen 60
Autosuggestion 39

B
Balkendiagramm 49
Bewegung 32
Bildschirmpräsentation 63
Blackouts 30
Blickkontakt 33
Brainstorming 14
–, imaginäres 15

C
Cliparts 62
Computerpräsentation 56

D
Dauer der Präsentation 46
Diagramme 48
Dias 56
dreieiniges Gehirn 73

E
Einleitung 45
Einstieg in die Präsentation 65
Entspannungsübungen 36

F
Flipcharts 52
–, strukturierte 52
Folien, computererstellte 51
–, handschriftliche 51
Führung in Gruppen 20

G
ganzheitliches Gehirn 74
Gehirn 72
Gehirn, dreieinig 73
–, ganzheitlich 74
Gehirnaufbau 73
„gehirngerechte" Präsentation 71
Großhirn 74
Gruppenarbeit 16
Gruppenbildung 16
Gruppenentwicklung 17
–, Phasen der 17
Gruppenmitglieder 18
Gruppennormen 20
Gruppenprozess 16
Gruppensäulendiagramm 49
gustatorischer Typ 84

H
Hänger 30
Hauptteil 45

I
Ideenfindungsmethoden 14
Imaginäres Brainstorming 15

K
Kartogramm 49
KEPA-Prinzip 47
kinästhetischer Typ 84
kinesiologische Übungen 35
Körpersprache 31
Kreisdiagramm 49

L
Lächeln 32
Lampenfieber 34
Lautstärke der Stimme 29
Lernleistungskurve nach Burns 46
limbisches System 73
linke Gehirnhälfte 75
Linkshirnige 77

M
Magnettafeln 56
Medien 50
Methode 6-3-5 15
Methoden der Ideenfindung 14
Mindmaps 54
Mitglieder der Gruppe 18
Musikempfehlungen für Entspannungsübungen 38

N
Neocortex 74

O
olfaktorischer Typ 84
Overheadfolien 50

P
Phasen der Gruppenentwicklung 17
Pinnwände 56
Plakate 52
–, strukturierte 52
positives Denken 39
Präsentationsdauer 46
Präsentator 28
Programm- und Zeitplan 22
Projekt 10
–, Probleme 11
–, Vorteile 11
Projektablauf 13
Projektbericht 13
projektorientierter Unterricht 10
Projektpräsentation 22
Projektreflexion 24
Projektthema 14
Projektunterricht 10

R
rechte Gehirnhälfte 75
Rechtshirnige 77
Repräsentanzsystem 82
Reptiliengehirn 73
roter Faden 30

S
Säugetierhirn 73
Säulendiagramm 49
Schluss der Präsentation 46, 68
Schlüsselqualifikationen 11
Sektorenbild 49
Selbstkompetenz 17
Sozialkompetenz 17
Sprache 29
Sprechgeschwindigkeit 29
Sprechpausen 30
Stammhirn 73
Stecktafeln 56

T
Tabellen 47
Texte gestalten am PC 59
Tipps gegen Lampenfieber 34
Tonfall der Stimme 29

U
Üben der Präsentation 49
Unterricht, projektorientiert 10

V
Versprecher 30
Videos 56
visualisieren 36
visueller Typ 83
Vorbereitung der Präsentation 44
Vortrag 66

W
WordArt 61

Z
Zeitreihendiagramme 49
zeitunabhängige Diagramme 49
Zuhöreranalyse 44
Zwischenhirn 73

Literaturverzeichnis

Badegruber Bernd, Offenes Lernen, Veritas Verlag, Linz 1994

Biddulph Steve, Das Geheimnis glücklicher Kinder, Beust Verlag, München 1994

Birkenbihl Vera, Kommunikationstraining, Weltbild Verlag, Augsburg 1994

Birkenbihl Vera, Stroh im Kopf, mvg Verlag, Landsberg 1997

Bundesminiserium für Unterricht und Kunst, Grundsatzerlass zum Projektunterricht, Wien 1992

Bundesministerium für Unterricht und Kunst, Projektleitfaden, Wien

Buzan Tony / North Vanda, Mind Mapping, Verlag Hölder-Pichler-Tempsky, Wien 1997

Ditko Peter / Engelen Norbert, In Bildern reden, Econ Verlag, Düsseldorf 1996

Felder Helmuth, Trainingshandbuch GLT, Verlag Felder, Innsbruck 1994

Golluch Norbert, Computer Witze, Eichborn Verlag, Frankfurt 1998

Göpfert Ulf, Ganzheitliche Lehr- und Lernmethoden

Gordon Thomas, Lehrer-Schüler-Konferenz, Verlag rororo, Reinbeck 1981

Gröbl Peter, Präsentiert, Werbeakademie Wifi, Wien 1997

Hebenstreit Billa, Kreative Strategien, Peuerbach

Hendricks Gay / Ludeman Kate, Visionäres Management, Delphi Verlag, München 1996

Herrman Ned, Das Ganzhirn-Konzept für Führungskräfte, Ueberreuter Verlag, Wien 1997

Hierhold Emil, Sicher präsentieren – wirksamer vortragen, Ueberreuter Verlag, Wien 1990

Innauer Toni, Der kritische Punkt, Edition Tau, Bad Sauerbrunn 1992

Jungk Robert / Müller Norbert, Zukunftswerkstätten, Heyne Verlag, München 1981

Kummer Walter / Spühler Roland / Wyssen Rudolf, Projekt Management, Verlag Industrielle Organisation, Zürich 1985

Lassen Arthur, Heute ist mein bester Tag, LET Verlag, Maspalomas 1988

Mandel Steve, Präsentationen erfolgreich gestalten, Ueberreuter Verlag, Wien 1995

Maro Fred, Führung, Kommunikation und Präsentation, Walhalla Fachverlag, Regensburg 1997

Meyer Hilbert, Leitfaden zur Unterrichtsvorbereitung, Cornelsen Verlag, Berlin 1980

Mizerovsky Harald, Rhetorik, Service Fachverlag, Wien 1990

Mohler Alfred, Die 100 Gesetze erfolgreicher Mitarbeiterführung, Ullstein Verlag, Frankfurt 1996

Peters Thomas / Waterman Robert, Auf der Suche nach Spitzenleistungen, mvg Verlag, Landsberg 1993

Robert Jacques-Michel, Den grauen Zellen auf der Spur, rororo Verlag, Reinbek 1997

Schneider Wilfried, Informieren und Motivieren, Manz Verlag, Wien 1995

Schulz von Thun Friedeman, Miteinander reden, rororo Verlag, Reinbek 1981

Schwäbisch Lutz / Siems Martin, Anleitung zum sozialen Lernen für Paare, Gruppen und Erzieher, rororo Verlag, Reinbek 1974

Tschoepe Dagmar, Entspannungstraining, Buch und Zeit, Köln 1995

Tumpold Ernst, Kinder aufs Leben vorbereiten in der Schule, Neuer Breitschopf Verlag, Wien 1994

WIFI Österreich, Skripten Unternehmertraining, Wien 1997

Will Hermann, Vortrag und Präsentation, Beltz, Weinheim 1994

Zenke Ron / Anderson Kristin, Umwerfendes Service, Campus Verlag, Frankfurt 1994

Quellennachweis

Rechteinhaber bekannt:
Seite 19: Frankfurter Börsenblatt, 102, 22. Dezember 1998, Seite 6
Seite 29: Asterix & Obelix CoKG
Seite 32: Ing. Wolfgang Prandl, Prospekt, Seite 7
Seite 34: Tarzan und Jane-Comic
Seite 48 / 49: Säulendiagramm: OÖNachrichten 8. 4. 2000, Seite 11
Gruppensäulendiagramm: Quelle: HSVT., aus Österreichs Wirtschaft im Überblick 1999/2000
Fieberkurve: News, Ausgabe 7 / 2000, Seite 93
Einfache Balken: News, Ausgabe 7 / 2000, Seite 133
Kreisdiagramm: News, Ausgabe 7 / 2000
Kartogramm: OÖNachrichten, 9. 3. 2000
Seite 51: Ing. Wolfgang Prandl, Prospekt, Overheadprojektoren
Seite 52: Ing. Wolfgang Prandl, Prospekt, Seite 17
Seite 56: Ing. Wolfgang Prandl, Prospekt, Seite 42
Seite 56: Ing. Wolfgang Prandl, Prospekt, Seite 15 Pinnwand und Diaprojektor

Rechteinhaber unbekannt:
Seite 33: Foto von Humphrey Bogart und Ingrid Bergmann
Seite 73: Das dreieinige Gehirn
Seite 74: Gehirn
Seite 76: 4 Abbildungen des Gehirns

Notizen

Notizen